SDGs時代のESDと社会的レジリエンス研究叢書 ⑤

米原あき・佐藤真久・長尾眞文 編著

SDGs時代の評価
価値を引き出し、変容を促す営み

筑波書房

はじめに　SDGs時代の評価を考える

問題の所在

　はじめに、次の2つの事例について考えてみたい。

　事例①　東南アジアのある国の農村で、小規模起業家を支援する国際協力プロジェクトが実施された。その国の政府がプロジェクトに期待していた成果は、国内の経済格差を縮小すること、すなわち、国内でも特に貧しいその農村の所得を向上させることだった。伝統的な染め物の技術を持つ職人たちが「小規模起業家」として活動する、その計画を立てるワークショップの中で、職人の中から「村の小学校を訪問して、子どもたちに染め物の技術を教えたい」という意見が出され、多くの賛同を得た。「それはいい、子どもたちも楽しめるし、私たちの伝統技術を次世代に伝えることもできる。」予算との関連で、「必要な布や染料はどうするのか」という問いが上がったときの職人たちの回答は、「わたしたちが喜んで提供します」というものだった。つまり、この活動を行えば行うほど、彼らの事業収入は減少する。しかし、このイベントは村の人たち、なかでも学校の子どもたちに大好評だった。このプロジェクトは成功と呼べるのか、あるいは目標不達の失敗なのか。

　事例②　日本のある自治体で、公立の病院が経営危機に瀕していた。駅に近く新しい私立の病院に比して、駅から離れたところに位置する古びた公立病院ではなかなか新規の患者が増えないという。この公立病院の評価指標——財務状況と病床稼働率——は、いずれも良好とは言い難い状況を示していた。これらの指標の悪化を根拠に、議会では公立病院の廃止論が高まっていた。「この指標をみる限りでは、やはりこの公立病院を維持するメリットはないのでは？」という評価委員からの指摘に対して、担当課の職員は次のようにこたえた。「近年、医療訴訟などを恐れて、私立病院が救急搬送を断るケースが増えていますが、この公立病院ではどんなに難しい患者さんでも受け入れを断らないことを誇りにしています。市民の健康の最後のセーフ

ティーネットであることに社会的責任をもって運営しているのです。」財務状況と病床稼働率はこの病院の価値を適正に測っているのだろうか。このまちにおけるこの病院の価値を測るのに適切な指標とは何だろうか。

　わたしたちの身の回りには様々な「価値」が存在しており、時にそれらは矛盾し衝突もする。また、それらの価値をどのように測り、どのような基準で判断するのか、その手法や技法はさまざまで、そこに一意の「正解」や「マニュアル」は存在しない。それがローカルであれグローバルであれ、多様な価値の共存を目指すコミュニティの現場では、唯一の正解を求めるのではなく、また、正しい方法をマニュアル化しようとするのでもない、文脈に応じた創造的なアプローチが求められる。では、多様な価値を共存させ、あるいはそこから新たな価値を引き出す、「文脈に応じた創造的なアプローチ」とはいかなるものなのだろうか。本書は、「評価」という切り口からこの問いへの回答を試みる。

評価の定義

　本書は評価学の詳細には立ち入らないが、ここで評価という概念の一般的な定義を確認しておきたい。評価という概念は、評価学の分野では以下のように定義されている（佐々木, 2010；山谷他, 2020）。
　　評価＝事実特定＋価値判断
　つまり、評価とは、事実に基づいて価値判断を下すことである。きわめてシンプルな定義であるが、評価の実践を想像すると、この定義は見かけほどシンプルではないことが分かる。どうやって事実に関する情報（データ）を収集し、どのような分析を経て事実を特定するのか。誰が、誰の、どのような価値観に基づいて判断するのか。また、何のために、どのタイミングで評価を実施するのか。これらの疑問に、評価にまつわる多様な問題が関わっている。例えば、事実特定のための情報（データ）の収集や分析には、質的な手法、量的な手法、あるいは混合手法と呼ばれる質的・量的な手法を織り交ぜた手法が適用されることもある。また、価値判断の主体となる評価者は、外

部の専門家である場合もあれば（第三者評価）、その評価対象の直接的な関係者である場合もある（参加型評価）。さらに評価は、ある事業やプロジェクトの介入後に、その成果を検討する目的で行われる場合もあれば（総括評価）、その事業やプロジェクトの開始時点からその実践活動に伴走し、その活動の改善を目的として行われる場合もある（形成評価）。シンプルな定義の言葉ではあるが、評価という概念および実践の守備範囲はひろく複雑である。

SDGs時代の評価

　冒頭に述べた本書の問題意識、すなわち、多様な価値を共存させ、あるいはそこから新たな価値を引き出すための「文脈に応じた創造的なアプローチ」を探るうえで、本書は「評価」という営みに注目している。さらに、SDGs時代と呼ばれるこの時代にこそ、その必要性が高まっていると考えている。また、「SDGs時代の評価」は、明らかに、「SDGs評価（SDGsの達成度に対する総括評価）」とは異なる。では、本書に言うSDGs時代の評価とは、一体どのようなものなのか。一般的に言われる「評価」と何が違うのか。また、なぜそのような違いがSDGs時代に強調されるのか。

　まず本書では、「SDGs時代」を次のように定義する。すなわち、SDGs時代とは、不確実性のなかで多様な個人や集団が協働して持続可能な社会を構築することが求められる時代を意味する。ミレニアム以前のグローバルな開発目標は、「経済成長」や「教育普及」など、分野別のサイロ型アプローチのもと、GNPや就学率など、トップダウンで策定された画一的な指標でもって、その達成状況を評価することが主流だった。これに対し、ミレニアム以降のグローバル目標は、包括的な目標群として提示されるようになり、評価指標の種類や数も飛躍的に増加した。特にSDGsでは、17の目標が水平に広がっているだけではなく、現在世代と未来世代の「世代間公正」という垂直の関係軸も視野入れた、立体的な目標群となっている。この構造によって、サイロ型アプローチでは見えなかった社会課題の諸側面に関心が向けられるようになった。

例えば冒頭の事例①は、SDGs目標8に言われる『働きがいも経済成長も』というふたつの異なる価値の調和をいかに実現するのかという課題を投げかけていると同時に、「現在世代のための経済発展」と「未来世代のための文化遺産」のバランスをどう考えるのかという問いも発している。また事例②においては、SDGs目標16『平和と公正をすべての人に』のなかのターゲット6『あらゆるレベルにおいて、有効で説明責任のある透明性の高い公共機関を発展させる』、そしてターゲット7『あらゆるレベルにおいて、対応的、包摂的、参加型及び代表的な意思決定を確保する』に関連して、「計測しやすい財政的価値」と「計測しにくい社会的価値」が相克する場面において、誰が、誰の、どのような価値観に基づいて公共政策の資源配分を決定すべきなのかという課題を提示している。多様な価値を調和し活かしながら持続可能な社会を実現するためには、異なるステイクホルダーが互いの価値観を学び合い、理解し、時には妥協し、あるいは学びほぐし（unlearn）、自らも変容し、そして新たな価値観を共創しながら、他者と協働することが不可欠となる。このような、価値をめぐる学びと協働のダイナミズムへのコミットメントこそが、「SDGs時代の評価」であると考えられる。

　評価学における評価の定義は既述のとおりだが、英語の「evaluation（評価）」という言葉の原義は、「extract value（価値を引き出すこと）」にある。また、評価哲学の父と呼ばれるスクリヴェンによれば、評価とは、物事の内在的な価値≒本質（merit）、外部から品定めされた価値≒値打ち（worth）、そして社会的な価値≒意義（significance）を吟味するプロセスのことであるという（Scriven, 1991）。本書に頻出する「評価」という言葉は、ある対象の外側からその対象の価値を品定めする視点だけではなく、その対象の本質的な価値に寄り添い、その対象がもつ社会的な価値を引き出す姿勢をも含む概念として捉えられている。したがって、このような評価の概念は、学びや協働と切り離して考えることはできない。多様な価値がせめぎ合う中で、それらを調和したり、そこから新たな価値を創出したりすること、あるいはそのための手助けをすること――本書が想定する「評価」という営みにはこのよ

うな働きが含まれている。

本書の構成

　本書の著者たちは、上記の意味合いにおいて、SDGs時代の評価に関する実践と試行錯誤の豊富な経験を持ち、様々な実践現場の役に立つことを志して各章を執筆している。その意味において、本書はSDGs時代の評価についての実用書である。しかしながら同時に、本書は、「ハウツーに言及しない実用書」でもある。本書がいわゆるハウツー本やマニュアル本のような情報を提供していない理由は、既に上に述べた通りである。すなわち、SDGs時代の価値を再考し創出するこころみに一意の「正解」や「マニュアル」は存在し得ないし、マニュアル化した瞬間にそれぞれの文脈がもつ動態性や創発性が失われてしまうためである。また、マニュアル化された手順を追おうとすることによって、逆に、個々の実践に息づく多様な創発の可能性が阻害されることを危惧するためでもある。しかし、正解無き問いに向き合うための足場（スタンス）や技法（アート）あるいは仕組み（システム）のエッセンスを共有することはできるに違いない。本書の各章は、そのマニュアル化し難いエッセンスを言語化するという試みへの挑戦でもある。

　最後に各章のコアとなるキーワードを概観して本文への橋渡しとしたい。第1章のキーワードはSDGs時代における評価概念のシフトである。国際開発評価の歴史のなかで、評価の目的や機能はダイナミックに多様化しており、「点」の評価から「面」の評価へのシフト、そして測定可能性から評価可能性の議論へのシフトが起こっている。第1章では、これらのシフトを踏まえて、SDGs時代の評価を読み解く視座を提供する。第2章のキーワードは、評価による社会変容と個人変容の連動である。ここではミクロ実践からマクロ政策に及ぶ様々な実践事例をとおして、順応的協働ガバナンスが社会的学習のプロセスとどのように連動していくのか、またその連動を促進する上で、協働的・発展的な評価がどのように機能するのかが論じられている。第3章のキーワードは、国際協力の協働パートナーシップである。従来の日本の対アフリ

カ国際協力事業は「援助型協力」が主流であったが、「国際協力事業のガバナンスと評価の分析フレームワーク」に照らして検討すると、対等な国際パートナーが合同で実施する漸進的・発展的な評価（協働型評価）の意義と必要性が浮かび上がってくる。第4章では、通域的な学び（translocal learning）という概念がキーワードとなる。先進的なものから後進に対して成功例を移転するという援助モデルではなく、異なる風土に根差した主体同士が双方向的に学び合うことを前提としたこの概念モデルによって、本書の各章で取り上げられている「協働」と「学び」のすがたが実体として彫刻される。第5章のキーワードは発展的評価（developmental evaluation）である。本書が主題とする「文脈に応じた創造的なアプローチに基づく評価」を検討するうえで、発展的評価の考え方は極めて示唆に富む。この章では、発展的評価の生みの親であり、北米を中心とした評価研究の第一人者でもあるMichael Patton氏が、発展的評価の日本社会への適用可能性を、日本の社会文化的な文脈に沿って考察している。第6章のキーワードはブルーマーブル評価（Blue Marble Evaluation）である。発展的評価の考え方を、地球規模課題を視野に入れたスケールに拡張したこの評価のアプローチは、SDGs時代の評価を考える際のプリンシプル（行動指針）を明示してくれている。第6章では、まだ日本では実践が見られない、この新たな評価観を理解するための鍵概念を概説する。

　各章をとおして、マニュアル化し難いエッセンスを活字に書き起こすことに挑戦した著者たちであるが、筆者を含め、著者一同の力が及ばないところも多々あろうかと思う。著者一同の至らない点は、読者諸賢の経験や知見や問題関心によって補われると信じて、また同時に、そこに著者一同の予想を超えた化学反応が起こることを期待して、まさに本書を介して、読者諸賢との学びと協働が展開されることを願ってやまない。

執筆チームを代表して
米原あき

【参考文献】
Scriven, M. (1991) Evaluation thesaurus (4th ed.), CA: Sage publications.
山谷清志，源由理子，大島巌（2020）『プログラム評価ハンドブック』晃洋書房。
佐々木亮（2010）『評価論理: 評価学の基礎』多賀出版。

目　次

第1章

価値を引き出す評価とそのしくみ

米原 あき

第1節 はじめに

　2015年にSDGsが採択されて以来、国際機関やNGOはもちろんのこと、企業や自治体、学校教育の現場など、社会の様々な場面でSDGsに関連する実践を目にするようになった。それと同時に、「この取り組みはそもそも本当にこれでいいのか？」「この取り組みはうまくいっていると言えるのか？」「この取り組みによって誰にどんなインパクトがもたらされるのか？」といった、モニタリングや評価の必要性に関する議論も活発になっている。しかしその一方で、様々な実践の現場から、「SDGsの取り組みは評価が難しい」「どのように評価すればよいのか分からない」という声を聴くこともしばしばである。業績評価や政策評価、あるいは学校評価や達成度評価など、従来の評価の方法では「何だかうまくいかない」と違和感を覚えるのはどうしてだろうか。あるいは第三者による評価を受けて「何だか納得しがたい」という後味の悪さが残るのはなぜだろうか。かのアインシュタインは次のような言葉を遺している。

　"We cannot solve our problems with the same level of thinking that created them." – A. Einstein

　（問題を引き起こしたのと同じレベルの思考では、その問題を解決するこ

Key Word：国際開発評価史の変遷、「点・線・面」の評価、評価可能性、協働型プログラム評価、評価的思考、協働と学びに基づく評価

とはできない。）

SDGsの取り組みを評価する際に、わたしたちは「問題を引き起こしたのと同じレベル」で評価をとらえようとしてはいないだろうか。SDGsが、これまでの国際的な開発目標とは異なる次元で問題提起をしているのだとしたら、その取り組みを評価する方法や思考も次元をシフトする必要があるのではないだろうか。本章のみをもってこの問いに端的にこたえるのは難しいが、本書の各章のエッセンスを紡ぎ合わせることによって、評価の考え方や実践の「次元のシフト」に繋がることを期待したい。

その導入として、本章では、価値を引き出すしくみとしての評価について検討する。「はじめに」で言及した通り、評価（evaluation）の原義は、価値を引き出すこと（extract value）にある。換言すれば、もし評価を行っていなければ、見落としていたかもしれない価値を可視化し、他者と共有可能な情報へと具体化することが——そしてそれによって改善に向けての変革が促されることが——評価という活動の本質的な目的なのである。

本章の構成は以下のとおりである。まず次節では、国際開発における評価の歴史を概観し、SDGs時代の評価がどのような位置づけにあるのかをマクロな観点から描出する。続く第3節では、近年、評価の世界に起こっている重要な変化について、担い手の多様化と評価指標の多様化という観点から考察する。そして第4節ではSDGs評価そのものに焦点を当て、従来の評価から本質的に何が変化したのか、その特性を明らかにする。以上の検討を踏まえて、第5節では協働型プログラム評価の考え方とその実践事例を紹介する。協働型プログロム評価の実践を通じて起こる「協働・学び・価値の共創」に、評価が現場にもたらす改善のダイナミクスを読み取ることができる。

第2節　国際開発における評価の歴史

1　1970年代：経済指標による開発評価

そもそも私たちは、そして国際社会は、国際開発における評価をどのよう

に捉えてきたのだろうか。戦後、経済的な支援を中心に、国際開発が進められるなかで、1978年、世界銀行が『世界開発報告（World Development Report)』の刊行を始めた。以来、現在に至るまで毎年刊行されているこの報告書の初版において、世界の貧困撲滅のために、モニタリング・評価とそのためのデータベースの構築が必須であることが指摘されている。

　　モニタリングと評価は、反貧困プログラムにおいて、特に重要である。なぜなら、絶対的貧困の特徴についての情報や、あるプログラムや政策によってもたらされる効果についての情報が不足しているからである。プログラムの進捗をモニタリングし、その効果を評価するためには、強力な国家統計データベース——実質的な所得や支出や消費の変化、そして公共サービスへのアクセスの状況が測定された、詳細な世帯調査に基づく統計データベース——の構築が不可欠である。

（World Bank, 1978, p.36, 筆者邦訳）

　同報告書の巻末には、各種の経済データが収録されていることは広く知られるところだが、上記の記述からも、『世界開発報告』が、その公刊当初より、経済指標で測定されたデータに基づくモニタリング・評価を想定していたことが分かる。その後、1980年代にはベーシック・ニーズ・アプローチ等の社会開発アプローチからの影響も受け（Streeten, 1981）、経済指標に限らない社会開発に関する指標にも大きな関心が払われるようになったが、マクロ・レベルで開発評価を議論する際には、現在においても、経済指標は開発評価の主要な関心の対象である。

2　1980年代：参加型評価の登場

　マクロ経済理論のみでは世界の貧困や開発の問題解決に至らないという気づきと共に幕を開けた1980年代は、開発経済史上、「失われた10年（the lost decade)」と呼ばれる。アフリカや南米の国々が財政破綻し、債務不履行と

なった状況を救済するため、IMFと世界銀行は構造調整プログラム（structural adjustment）と呼ばれる戦略によって、社会開発よりもマクロ財政の安定化を優先する支援策を推し進めた。その結果、1980年代の開発途上国における各種の社会開発指標は大きく悪化することとなり、1985年にUNICEFは『人間の顔をした調整（Adjustment with a human face）』を公刊して構造調整プログラムに対する批判と要望を展開している（Jolly, 2012）。1980年代は、逆説的に社会開発への危機感が高まった時代であったと言えよう。

　この頃、北米における評価の世界では、1970年代に流行した、費用便益分析などの科学的アプローチに対する不信感の高まりから[1]、プログラム評価や参加型評価に人々の関心が集まっていた（Rossi et al., 2004）。プログラム評価については本章で後述する。参加型評価とは、「評価の専門家と実践上の意思決定者やプログラムの責任者あるいはプログラムの主な利用者の間の協働関係を伴う」評価のことである（Cousins and Earl 1992, pp.399-400, 筆者邦訳）。国際開発の分野にも、1970年代から参加型学習活動（Participatory Learning and Action：PLA）や参加型農村調査（Participatory Rural Appraisal：PRA）のような、当事者中心の手法は存在していたが、その延長上に参加型の評価が迎え入れられることとなった（源, 2016, p.22）。参加型評価の登場によって、経済指標など客観的なマクロ指標による評価だけではなく、当事者の視点や意見といったある種の主観性も勘案した、現場に根差した評価のアプローチが導入された。

3　1990年代：複合指標による開発評価

　開発評価において、経済指標に関心が集まりやすいことや、データに客観性が求められること自体は何も問題ではない。しかしながら、1980年代の終盤から、過度に経済開発に偏った国際開発の在り方に疑問が投げかけられるようになった。1990年から刊行が始まった国連開発計画の『人間開発報告書（Human Development Report：HDR）』は、その国のGNPや個人の所得の

みによって国の豊かさを測定しようとするアプローチは「狭い開発観」（Sen, 2000）であるとして、人間の本質的自由を開発の究極的な目的とする新たな開発観を提示した（Sen, 2000；UNDP, 1990；米原, 2020b）。HDRの初刊には、それまでの経済中心の開発観に対する批判ともみえる以下の文章が掲載されている。

　　　人びとこそが国家の本当の富である。開発の基本的な目的は、人々が長く、健康で、創造的な生活を享受できるような環境を整えることにある。これは単純な真理のように思えるかもしれない。しかし、モノやカネを蓄えるという喫緊の心配に捉われて、この真理はしばしば忘れ去られている。

（UNDP, 1990, p.9, 筆者邦訳）

　人間開発という概念の登場に伴って、開発評価指標にも大きな変化がもたらされた。HDRでは「人間開発指数（Human Development Index：HDI）」という複合指数が採用されている。HDIは、「健康的な生活（long and healthy life）」、「知識（knowledge）」そして「適正な生活水準（a decent standard of living）」という、人間の生活の3側面を考慮した指数である。**図1-1**にあるように、経済指標もその一部に包含しつつ、経済だけでない広い視野で開発という概念を捉えようとしていることが分かる。
　HDIが世界的に広まると、それに続いて様々な複合指数が考案され、活用されるようになった。例えばジェンダー不平等指数（Gender Inequality Index: GII）や複合貧困指数（Multiple Poverty Index: MPI）などが代表的な複合指数である。これらの指数は、特定の一面のみでは捉えきれない人間の生活を複数の側面から捉え、数値化する試みとしてひろく受け入れられることとなった。さらにHDIの登場によって、「統計学者たちは、統計学は（人権などに関する質的な社会課題には：筆者注）貢献できないという誤解を捨てなければならない」（Jolly, 2002, p.266：筆者邦訳）と言われるように、従来、

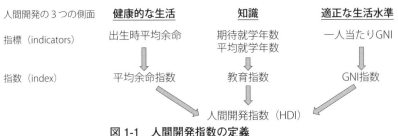

図 1-1　人間開発指数の定義
（出典：UNPD（2020）より筆者作成）

統計的なデータと言えば経済的なデータが中心で、質的な社会課題は統計データでは扱うことができないと考えられていた、開発指標に対する一般的な理解を覆すきっかけにもなった。

4　2000年代：目標群による開発評価

　より複雑な社会課題を捉えるためには、複眼的な視点で問題を見なければならないという発想は、開発指標のみに限らず、その後も国際開発の「常識」となっていく。2000年9月の国連ミレニアム・サミットで採択されたMDGsは、8つの目標と21のターゲット、そして60の指標で構成された目標群である。それまでの国際開発目標が、経済・教育・環境など個々別々のサイロ型アプローチであったのに対し[2]、MDGsは様々な分野を包括した、開発目標の枠組みを示したという点において、国際開発評価に新たなアプローチをもたらした。2000年以降はこのような包括的アプローチが国際開発の潮流となり、2015年9月の国連持続可能な開発サミットで採択されたSDGsは、MDGsをはるかに上回る17目標・169ターゲット・231指標という巨大な目標群として提案された[3]。MDGsとSDGsの本質的な違いがどこにあるのかについては後述するが、目標をひとつひとつ分野別に検討するのではなく、「群」として捉えることによって、異なる分野の目標間で創出されるシナジー効果や、逆に互いを相殺してしまう矛盾やコンフリクトについても、開発課題の一部として議論することができるようになった。

第3節　多様化する開発評価

1　グローカルな評価組織の出現：評価が市民のものに

　SDGsが採択された2015年以降、開発評価に関する議論がかつてないほどダイナミックに交わされている。2013年に、国際評価協力機構（International Organization for Cooperation in Evaluation：IOCE）が、国連と共にEvalPartnersという評価の専門組織を立ち上げた。EvalPartnersは、世界各国の市民社会組織（Civil Society Organizations：CSOs）や評価研究者・評価専門家のボランティア集団（Voluntary Organizations for Professional Evaluation：VOPEs；Rugh and Segone, 2013）と連携し、政策形成者や世論に向けて、政策的な意思決定における評価の重要性を訴えている。SDGsの採択を受け、EvalPartnersは、SDGsの評価に特化したEvalSDGsを組織した。次節でも検討する通り、SDGsの目標やターゲットは抽象度が高く、包括的に目標を達成するためには、各国政府が独自の目標やターゲットを設定して、モニタリングや評価に取り組まなければならないが、それは必ずしも容易なことではない。「評価を実践することによって、ステイクホルダーや現場の人びとの声を掬い上げる手立てを提供することができる」（EvalSDGs HP）という信念のもと、EvalSDGsは、SDGsをめぐる評価活動の推進と、評価を通じて価値を付加することによって、SDGsアジェンダの見直しとフォローアップを支援することを目的として活動している[4]。

　国連機関や各国政府とは異なる、これらの市民アクターは、世界各地の支部やローカル組織を中心に様々な関連団体と連携しながら、地域の実情に沿った活動を展開している。例えば、インド評価コミュニティ（Evaluation Community of India：ECOI）では、州レベルの支部が地域の実情に応じた活動を展開しつつ、同時に、アジアの近隣諸国と連携して、アジア太平洋評価協会（Asia-Pacific Evaluation Association：APEA）のようなVOPEsによる国境を超えたネットワークでも積極的にイニシアティブをとっている。こ

のような市民団体の参画によって、グローバル目標の評価をローカルに展開する、文字通りグローカルな評価の組織が、現場−州−ナショナル−リージョナル−グローバルと多層的にネットワークを発達させている。これらの組織の誕生・成長とともに、2020年より『行動のための評価の10年（Decade of Evaluation for Action：通称Eval4Action）』というグローバルキャンペーンも開始された。このキャンペーンには、国連機関や上記に挙げたIOCEやEvalPartners、APEA、ECOIなどに加えて、日本評価学会を含む各国の学術団体も参画しており、「2030年までの10年間でいかにして評価を通じてSDGsの達成を支援するか」という課題に取り組むグローカルなプラットフォームを形成している（Eval4Action HP）。

　2015年以降のこのような動きは一体何を示唆しているのだろうか。まず、国際社会における評価の担い手が、国連や政府だけではなくなってきたということが指摘できる。戦後期には国連や政府の専売特許であった国際開発の活動が、NGOやCSOとの協力なしには成立しなくなるにつれ、グローバル目標の策定においても、多様なアクターの声が看過できないものとなっている（山田, 2016）。国際開発の実践やガバナンスに関わるアクターが多様化するということは、その評価に関わる主体の多様化も意味する。上述の多様な評価組織が、分野横断的かつ地域横断的な情報交換に加えて、評価能力向上のためのセミナーや評価者養成のための研修を提供するようになっており、今後ますます評価は市民のものになってゆくことが予想される。

2　評価指標の拡張：量-質の二元論を超えて

　SDGsをきっかけにダイナミックに多様化したのは評価に関わる組織だけではない。SDGsのような包括的な開発目標が掲げられたことにより、評価指標に対する眼差しにも様々な変化がもたらされた。

　HDIの登場によって、開発評価に複合指数の考え方が導入されたことのインパクトは既述のとおりだが、複合指数は単一指数よりも多様な視点を持ち得るとはいえ、最終的にはある数値に集約された一元的な評価情報となる。

したがって、指標の活用という意味では、複合指数による評価も単一指数による評価と本質的には大差がない（米原, 2013）。スティグリッツ（2020）は、HDIのように異なる指数を統合しても、現実の複雑な様相は見えてこない——例えるなら、車を運転する際に、走行スピードとガソリンの残量を統合して指数化しても、その数字には意味がなく現実には役に立たない——という点を指摘し、ダッシュボード・アプローチを推奨する。ダッシュボード・アプローチとは、OECDの『幸福度白書（How's Life）』が示すような、妥当な指標のセットを指す（OECD, 2020）。OECDが定義する幸福指標（Better Life Index）は、「所得と富（income and wealth）」や「主観的幸福（subjective well-being）」、「人間資本（human capital）」などの11の側面（dimension）と4つの資本（capital）で構成されるが、それぞれの項目ごとに複数の指標が設定されており、それらは合成されたり統合されたりすることなく、そのままの情報としてダッシュボードに並べられている。読者あるいは評価者は、そのダッシュボードに並んだ指標のバランスを見て、状況を解釈するよう求められる。

　また、SDGsの評価方法として新たに導入されたのが『自発的国別レビュー（Voluntary National Review：VNR）』である。2016年より、国連経済社会局（United Nations Dept. of Economic and Social Affairs：UNDESA）は、各国に自国のSDGsの関連政策や進捗状況を報告することを求めており、その報告書をオンラインで公開することによって、SDGs達成に向けての建設的なピア・プレッシャーが生じることを期待している（UNDESA, 2017）。VNRは各国政府が自発的に作成するものであることから、各国共通の指標やフォーマットは存在せず、それぞれの国の独自性を尊重する方針がとられている。また、VNRは活字による報告書であるため、数値データになりにくい各国の社会文化的な状況や、いまだデータにはなっていない近未来の計画などについても説明することができる。

　前節で概観したように、従来、開発評価の指標と言えば、世界の各地で比較が可能な量的データが中心であった。もちろん現在もこれらのデータが重

要であることに変わりはなく、複合指数を含め、ますます多様な指標・指数が考案され、グローバル、ローカルな政策形成に重要な貢献を果たしている。一方で、SDGsに示された目標には、単純に量化し難い課題や、複数の観点からの総合判断が必要となる課題が多数含まれており、その事実が、評価指標に対する考え方にも影響を与えている。量的データか質的データかといった二元論を超えて、社会文化的な視点をもって多種多様な量的データを読み解き、同時に、活字や画像・映像、あるいは現場における観察や経験から得られる質的なデータを通して問題の本質をつかむ、より包括的な評価の力量が求められる時代が到来したと言えるだろう。

第4節　SDGs評価の本質

　そもそも2000年の国連ミレニアム・サミットで採択されたMDGsから、2015年に採択されたSDGsへと、いったい何が変わったのだろうか。8つだった目標が17に増え、かつては開発途上国を支援するための取組みだったものが、先進国も当事者とみなす取組みへと進展した—これらは重要な変化ではあるが、あくまでも目標や対象の「拡大」であって、本章の冒頭に挙げたような、本質的な「次元のシフト」とまでは言えないだろう。では、「次元のシフト」と呼べる本質的な変化とは何だろうか。ここではSDGsとMDGsの教育目標（SDGs-Goal 4とMDGs-Goal 2）を例に、SDGs評価の本質について考えてみたい。SDGs評価の本質を検討することで、SDGs時代の評価の特性が見えてくるだろう。

　SDG4とMDG2のゴールを見比べてみると（表1-1）、MDG2では「初等教育の完全普及の達成」とされた教育目標が、SDG4では「すべての人に包摂的かつ公正な質の高い教育を確保し、生涯学習の機会を促進する」と謳われている。また、MDG2に設定されていたターゲットはひとつだったが（Target 2.A）、SDG4には7つのターゲット（Target 4.1 ～ 4.7）と3つの手段ターゲット（目標達成のための手段としての役割をもつターゲット：Target 4.a ～

4.c）が設定されており、それぞれのターゲットの下に、MDG2には３つの指標が、SDG4には11のグローバル指標と32の分野別指標が設定されている[5]。**表1-1**を一見しただけでも目標や対象の「拡大」が容易に読み取れるが、より本質的な変化として、ここでは以下の２点を指摘したい。

①　「初等教育」という学校教育制度の枠組み内の議論から「生涯学習の機会」という制度の外側を含む議論への転換、すなわち既存の制度やシステムを問い直す視点の導入

②　「普及」という量的な拡大から「質の高い教育」という質的な改善への転換、すなわち何をもって「高質」と判断するのか、何に価値を置くのかという価値を問い直す視点の導入

表 1-1　MDG 及び SDG における教育目標

	MDG2	SDG4
ゴール	初等教育の完全普及の達成	すべての人に包摂的かつ公正な質の高い教育を確保し、生涯学習の機会を促進する
ターゲット	［2.A］2015 年までに、全ての子どもが男女の区別なく初等教育の全課程を修了できるようにする ➡ゴール２のターゲットは A のみ ➡2.A の内容は GDG4.1 に包含	［4.7］2030 年までに、持続可能な開発のための教育及び持続可能なライフスタイル、人権、ジェンダー平等、平和及び非暴力的文化の推進、グローバル・シチズンシップ、文化多様性と文化の持続可能な開発への貢献の理解の教育[注1]を通して、全ての学習者が、持続可能な開発を促進するために必要な知識及び技能を習得できるようにする ➡［4.1～4.6、　4.a～4.c］については外務省（2021）を参照
指標	・初等教育における純就学率 ・第 1 学年に就学した生徒のうち初等教育の最終学年まで到達する生徒の割合 ・15～24 歳の男女の識字率 ➡これらの指標は SDG4.1 及び4.6 の指標に包含	［4.7.1］ジェンダー平等及び人権を含む、(i) 地球市民教育、及び (ii) 持続可能な開発のための教育が、(a) 各国の教育政策、(b) カリキュラム、(c) 教師の教育、及び (d) 児童・生徒・学生の達成度評価に関して、全ての教育段階において主流化されている程度 ➡ターゲット 4.7 のグローバル指標は 4.7.1 のみ ➡その他の指標については外務省（2021）、UNESCO-UIS（2021）を参照

注 1) 下線部は筆者による
（出典：外務省（2019、 2021）、UN IAEG-SDGs（2020）、UNESCO-UIS（2021）、米原（2021c）より筆者作成）

これらの点は、教育という分野に限らないSDGsの本質的な特徴を含んでいると考えられる。以下ではこれらが意味するところについて、評価の観点から検討してみたい。

1　既存の制度やシステムを超える視点：「点」の評価から、「線」・「面」の評価へのシフト

　MDG2の「初等教育の完全普及」というゴールは、学校教育という制度枠組みの内部における量的な拡大を目指していた。したがってその対象は、初等学校に就学すべき学齢児童である。このように対象を絞り込んだゴールを設定することで、また、その国の政府が一元的に管理しやすい義務教育に範囲を絞ることで、より効率的に目標実現のための政策を実行することができ、事実、世界の初等教育の就学率はMDGsの15年間で劇的に向上した。

　一方で、MDGsの成果を踏まえてSDGsが目指すところは、学校教育制度の外側も視野に入れた質の向上である。世界各地で初等教育が普及するにつれ、学校教育制度からこぼれ落ちた子どもたち――障がいをもつ子どもたち、貧困層の子どもたち、少数民族の子どもたち、難民や移民の子どもたち、あるいはこれらの問題を複合的に抱える子どもたち――のニーズを勘案した取組みを実施しなければ、目標は達成できないことが認識されるようになった。SDGsのスローガンである「誰ひとり取り残さない（Leave no one behind）」は、多数派を想定した教育政策のみでは実現できないということである。加えて、SDG4は「生涯学習の推進」もゴール記述に含んでいる。生涯学習とは、「人々が生涯に行うあらゆる学習、すなわち、学校教育、社会教育、文化活動、スポーツ活動、レクリエーション活動、ボランティア活動、企業内教育、趣味など様々な場や機会において行う学習」を含むとされており（文部科学省, 2019）、初等教育を十分に受けられなかった成人に対する識字教育や職業教育から、社会人に対する大学院教育や趣味の文化教室まで、その対象もそれぞれのニーズも多様で一元的に提供できるものではない[(6)]。

　ここで検討すべき問いは、「いかにして主流の制度からこぼれ落ちた少数者を主流の制度に戻すか」あるいは「いかにして多様な生涯学習の機会をより多くの人に提供するか」といった、目標や対象の拡大への対応策ではなく、そもそも既存の制度やシステムが唯一の最適解なのかを根本的に問い直すことであろう。例えば、ノンフォーマル教育は、かつては公教育と比較して「二流の教育」とみなされていたが、近年、公教育の補完的な教育機会としてだけではなく、困難な社会環境に生きる個人の自信や希望を育む機会として、あるいは学習者の個別ニーズに対応できる柔軟な教育システムとして、その独自の価値が再評価されている（丸山・太田, 2013；大橋, 2021）。また、初等教育の完全普及という目標は、1990年の『すべての人に教育を（Education for All）』から現在に至るまで、国際教育協力の中心的な目標となっているが、SDGs時代に必要とされる、変化や不確実性に対応できる知識や技能は、必ずしも学校教育によってのみ育成されるものではないという観点から、職業教育の意義が根本から問い直されている（山田・大野, 2021）。さらに、教育を提供する主体も行政に限らず、企業・NPO・研究機関などの多様な関係者が連携して幅広いニーズにこたえることが求められており、誰がどうやって教育を行うのか、その現場にいかに関わっていくべきかといったより根源的かつ倫理的な議論も活発になりつつある（荻巣他, 2021）。

　SDGsに謳われる「包摂的かつ公正な質の高い教育」や「生涯学習の機会の促進」は、このような既存の制度やシステムを超える視点を求めている。そして、この要求は評価の考え方にも及んでいると捉えるべきだろう。従来の評価は、PDCAサイクル（Plan-Do-Check-Action）のD段階で実行された取り組みの成果をC段階で評価するという振り返りの視点（retrospective view）を基礎に構成されており、したがって、評価という行為はC段階に固定された「点」の視点であった。例えばMDG2のゴール記述にある「初等教育の完全普及」はある教育政策の成果としてC段階で測定されるものである。一方で、SDGsの文脈で求められる上述のような多様な取り組みは、既存の制度やシステムの在り方やその社会的意義を問い直し、再構築する必要を迫

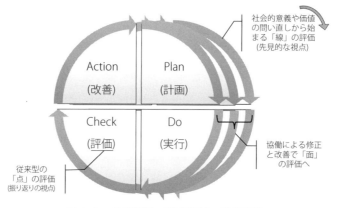

社会的意義や価値の問い直しから始まる「線」の評価（先見的な視点）

協働による修正と改善で「面」の評価へ

従来型の「点」の評価（振り返りの視点）

図 1-2　点の評価、線の評価，面の評価

(出典：筆者作成)

っている。つまり、当該政策や活動の計画を立てるP段階から、評価という行為がスタートしているということである。ここでいう評価という行為は、活動の行く先を見据えた先見的な視点（prospective view）を基礎に、PDCAサイクルの全体を「線」で繋ぎながら構築されていく動態的な活動である（Yonehara et al., 2017）。さらにその「線」が、多様な関係者との協働のなかで修正と改善を繰り返し、更新を重ねながら「面」となっていく、創造的な活動であるとも言えるだろう[7]。このような評価の考え方——プログラム評価の考え方——については本章で後述する。

2　価値を問い直す視点：測定可能性から評価可能性へのシフト

　次に、評価指標の観点から両者の違いを見てみよう。MDG2の3指標（就学率・修了率・識字率）に注目すると、これらの指標はいずれも理論上100％を到達目標として想定することができる評価指標であることが分かる。一方、SDG4.7.1に示される指標は叙述的で、その定義も到達目標も明確ではない。例えば、「就学率」という考え方が——現実には「就学」の定義にも多義性があるにせよ——少なくとも技術的には世界のどの国においても一意に定義され得るのに対して、「持続可能な開発のための教育（ESD）が全ての

教育段階において主流化している程度」というのがどのような状態を指すのかは、その国やその地域によって全く異なってくるだろう。また、就学率が目指す最終的なゴールが「100％」であることについて社会的合意を得ることはさほど難しくないだろうが、ESDがどの程度「主流化している」のが理想なのかは、それぞれの社会にとって、またそれぞれの教育段階において、そしてさらには学校教育だけではなくノンフォーマル教育や生涯学習の機会も含めた教育実践の場によっても、様々であろう。つまり、SDG4.7の評価は、目標そのものが文脈ごとに異なるうえ、固定的な目標値を設定できないような動態性・多様性をもっているため、その取り組みに関わる当事者たちが、「自分たちにとっての目標は何か」という問いを再考するところから議論を開始しなければ、そもそも評価が不可能なのである。

　そもそも評価が可能なのか、何のために何をどのように評価するのか、といった評価可能性（evaluability）を検討することを、評価学では「評価可能性アセスメント」と呼ぶ。評価可能性アセスメントの手続きとして、Rossi at al.（2004）は以下の3点を挙げている。

① 　注意深くプログラムモデルを記述し、ゴールと目標を定義する
② 　そのモデルが十分に定義されているか、評価可能かを検討する
③ 　利害関係者の評価に対する関心と評価所見の活用可能性を確認する

　ここで指摘されているように、評価可能性を確保するためには、まず、その取り組みのゴールと目標を明確に定義しなければならない（①）。さらに、その目標を達成するために考案されたプログラムモデルが、本当に目標達成に寄与するようにデザインされているかどうか、その論理的な整合性を確認したうえで、プログラムの進捗をどのようにモニタリングし評価するのかについて、具体的な手法や指標等を検討する必要がある（②）。そして、これらの評価活動が、その取り組みに関わる関係者にとって有用な情報をもたらすのか、さらに、評価の結果がどのように改善に活かされ得るのかを事前に確認しておくことも求められる（③）。ここでも「点」の評価ではなく、「線」の評価、そして次の改善へと確実に繋いでいく「面」の評価が必要になる。

表 1-2　MDG2 と SDG4 の特性と評価の課題

	MDG2	SDG4
特性	現実的・実践的・実際的	理念的・理想的・抽象的
評価の課題	測定可能性（measurability）	評価可能性（evaluability）
評価の条件	「開封（unpack）」の必要なし	「開封」の必要あり

（出典：筆者作成）

　中でも重要なのはゴールと目標の定義であろう。ここが不明瞭なままでは、評価可能性を向上させることも、測定可能性を高めることもできない。多様な解釈があり得る抽象的なグローバル目標を、個々の文脈ごとに翻訳し、実践可能な活動に具体化することを、UNESCO（2016）は「開封（unpack）」と呼んでいる。MDG2からSDG4への決定的な変化は、この開封のプロセスが必要になったという点であろう。

　以上の要点は**表1-2**に要約される。MDG2が示す目標は、現実的・実践的・実際的な「量的拡大」であったため、評価の際に課題となるのは「いかに精確に目標達成の程度を測定するか」という技術的な点であった。例えば、就学率と言っても純就学率で測るのか、総就学率で測るのか、どれくらいの出席率をもって「就学」とカウントするのか、あるいは、一旦は就学していてもドロップアウトする児童・生徒が少なくない現実を考慮に入れると、修了率にも注目すべきではないか——このような測定可能性に関する議論が、MDG2やそれに類するグローバル目標の評価の中心的な課題として捉えられてきた。前節で概観した複合指標の開発も、測定可能性に関する議論のひとつであると言える。

　これに対してSDG4のゴール記述や指標は理念的・理想的・抽象的であるがゆえに、測定可能性について検討する以前に、評価可能性を吟味しなければならない。それはすなわち、その取り組みに固有な社会状況を考慮し、その取り組みに関わる当事者たちによって、「開封」が行われることを意味する。グローバル目標をグローバル目標のままローカルに導入するのではなく、グローバル目標が示す理念を開封し、ローカライズして実践に繋ぐこと、換言すれば、それぞれの文脈の多様な関係者たちが協働して「自分たちにとって

の目標は何か」、「自分たちが実現したいと考える価値とは何か」を問い直すこと、これは、形成的な評価[8]の本来的な姿であると同時に、それ自体が互いにとって学びのプロセスとなる(米原, 2016)。次節では、そのような「場」をいかに構築することができるのか、その具体的な手法について検討する。

第5節　価値を引き出すしくみとしての協働型プログラム評価

1　協働型プログラム評価の考え方

　形成的な「面」の評価手法の一つとして、協働型のプログラム評価がある。ここではプログラム評価の詳細には立ち入らないが、その考え方のエッセンスを紹介したい[9]。Rossi et al.（2004）のテキストによれば、プログラム評価は以下のように定義されている。

　　　プログラム評価（program evaluation）とは、社会調査手法を活用し、社会的介入プログラムの有効性を体系的に調査する (1) ものである。その評価は、プログラムを取り巻く政策的・組織的な文脈を考慮 (2) して行われるもので、社会状況を改善するための社会的活動の情報源 (3) となるものである。

　　　　　　　　　（Rossi et al., 2004；邦訳は山谷他, 2020 p.21；下線部筆者）

　この定義から、プログラム評価の3つの特徴（下線部（1）〜（3））を読み取ることができる。まず、プログラム評価とは、一言で言うと「体系的な調査」である。「体系的（systematic）」の意味するところは、「点」の評価ではなく、プログラム全体を段階的に包括する「線」の評価であるということである。**図1-3**に示す通り、プログラム評価には、ニーズ評価・セオリー評価・プロセス評価・アウトカム評価・効率性評価という5つの段階があり（Rossi et al., 2004；山谷他, 2020）、これらがプログラムの計画段階から体系的にプログラムの全体像を俯瞰する役割を果たしている。改善を加えな

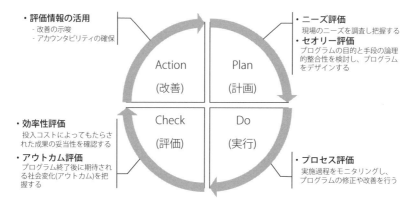

図1-3　PDCAサイクルとプログラム評価

（出典：Rossi et al.（2004），山谷他（2020）を参考に筆者作成）

がらこれらの段階を繰り返すことで、「線」の評価が、同じ線上を周回する「線」ではなく、改善や変容を伴った「面」の評価になっていく。

　次に、プログラム評価は「文脈を考慮」する。一般的な総括評価の場合、評価結果の比較可能性や一般化可能性を担保するために、個々の文脈に左右されない普遍的な評価指標や評価基準を使うことがしばしば求められる。例えば就学率や識字率など、国際機関が提示する指標の多くは、異なる国同士でもその数値を比較検討できることが前提となっている。これに対して、プログラム評価では、「社会調査手法を活用」することが前提となっている。「社会調査手法」とは、アンケートやインタビューなど、質的あるいは量的な方法を適切に併用しながら、その社会の現象——人々の行動や意識、事象の因果関係など——を明らかにする手法である。すなわち、社会調査手法によって収集されるデータは、社会的文脈に根差した、ある種主観的なデータでもあり得る。プログラム評価は、このようなデータを活用して改善を目指す評価の手法である。

　最後に、プログラム評価は「社会状況を改善」することを主たる目的とする。社会調査手法を使って得られたデータから、アカウンタビリティの確保に有用な分析結果が得られることもしばしばあるが、その場合であってもこ

の評価活動の主眼はあくまでも社会状況の改善である。逆に言えば、対象となる社会課題の改善に寄与しないような評価や、外部の第三者のためだけに行われる評価、そして、むしろ現場のモチベーションを下げることにつながるような評価は、プログラム評価の主旨に反することになる。

　また、近年、プログラム評価の考え方を起源に持つ、発展的評価（Developmental Evaluation）というアプローチも注目を集めている（Patton, 2011；Patton et al., 2016）。発展的評価は、より複雑で不確定な状況において、イノベーションを推進するために必要な評価情報を適時に提供することを目指して行われる評価のアプローチで、その柔軟性と迅速性に特徴がある。SDGs時代はVUCA（Volatility［変動性］、Uncertainty［不確実性］、Complexity［複雑性］、Ambiguity［曖昧性］）の時代とも言われるが、不確実性の高い環境下では、もうひとつのVUCA（Vision［構想］、Understanding［理解］、Contextuality［文脈性］、Agility［敏捷性］）が求められる（microTOOL, 2021より筆者一部改変）。発展的評価やブルーマーブル評価（Patton, 2019）と呼ばれる評価のアプローチは、SDGs時代の評価に「もうひとつのVUCA」を提供するためのツールとして期待できる。発展的評価やブルーマーブル評価については本書の5章および6章にて詳述する。

　プログラム評価の中でも、特に「協働」に重点を置いたアプローチを協働型プログラム評価と呼ぶ（源, 2014；2016）。協働型評価は、参加型評価の一種と位置づけることもできるが、ここで使われる「協働」という表現には、「参加」以上の意味が込められている。すなわち、プログラムの関係者が、評価専門家が準備した評価活動に「参加」するだけではなく、評価専門家が持ち得ないような知識・情報・ネットワーク・視点などを持つ貴重なメンバーとして評価チームの一員となり、評価専門家とともに、互いの強みを活かしながら実践する評価の形態を指している（源, 2014；真野, 2015；米原, 2019；米原他, 2016）。このような協働関係の下でプログラム評価を実行することで、関係者の間に学びの機会が生まれ、価値の発見や創造につながる評価の活動が可能になる。以下では、その実践がもたらす価値についてみてみ

よう。

2 協働型プログラム評価の実践

　SDG4.7に明示される教育活動のひとつに「持続可能な開発のための教育（Education for Sustainable Development：ESD）」がある。前節で確認した通り、SDG4.7の特性を考慮すると、ESDの評価には、「点」の評価ではなく「面」の評価が、そして、測定可能性だけに捉われるのではなく、評価可能性を検討することが求められる。ここでは、筆者が協働型プログラム評価を通して支援している、横浜市立みなとみらい本町小学校のESD評価実践に注目し、そこから得られた教訓に焦点を当てて考察したい[(10)]。紙幅の都合上、評価活動の詳細については米原（2020a；2021a；2021b；2021c）を、当該小学校におけるESD活動の具体的な内容およびその報告書については、みなとみらい本町小学校（2020；2021）を参照されたい。

　みなとみらい本町小学校では、「持続可能な社会の担い手を育む小学校として発展する」という開校宣言のもと、2018年の開校当初から全校的にESDを推進するために協働型プログラム評価を導入している。この取組みの概要は下図のとおりである。

　ESDの抽象概念を「開封」するためのニーズ評価・セオリー評価では、学校の重点研究のテーマとして、「ESDロジックモデル」を策定・改善するためのワークショップが毎年数回、継続的に行われている。ESDロジックモデルとは、「この学校で実現したいESDプログラム」の目的と手段を可視化したロジックツリーのことである（実際のモデル図はみなとみらい本町小学校（2020、2021）を参照）。ここで重要なポイントは、このモデル図の詳細ではなく、それがどのように作成されたのか、また、それがどのように改善され続けているのか、という「しくみ」の方にある。この小学校では、ESDロジックモデルを作成するに際して、①時間をかけて試行錯誤を繰り返すこと、②評価専門家や管理職が伴走に徹すること（管理や指導の過度な介入をしないこと）、③教育現場の当事者である教職員のことばを信頼し尊重すること

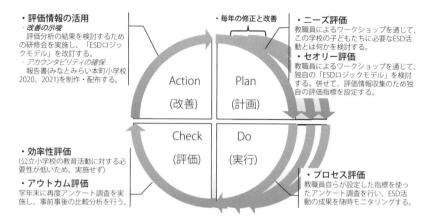

・評価情報の活用
- 改善の示唆
　評価分析の結果を検討するための研修会を実施し、「ESDロジックモデル」を改訂する。
- アカウンタビリティの確保
　報告書(みなとみらい本町小学校 2020、2021)を制作・配布する。

・毎年の修正と改善

・ニーズ評価
教職員によるワークショップを通じて、この学校の子どもたちに必要なESD活動とは何かを検討する。
・セオリー評価
教職員によるワークショップを通じて、独自の「ESDロジックモデル」を検討する。併せて、評価情報収集のため独自の評価指標を設定する。

Action
(改善)

Plan
(計画)

Check
(評価)

Do
(実行)

・効率性評価
(公立小学校の教育活動に対する必要性が低いため、実施せず)
・アウトカム評価
学年末に再度アンケート調査を実施し、事前事後の比較分析を行う。

・プロセス評価
教職員自らが設定した指標を使ったアンケート調査を行い、ESD活動の成果を随時モニタリングする。

図 1-4　みなとみらい本町小学校における

(出典：図 1-3 をもとに筆者作成)

が大切にされてきた。その結果、ESDという理念的な目標が、当事者である教員にとって腹落ち感のある言葉で具体化され、抽象的なお題目としてではなく、日々の教育活動に紐づいた教育プログラムとして具現化されている[11]。

　さらに、ESDロジックモデルを作成する際に、併せて、そのロジックモデルに示された教育活動をどのような指標で評価したいかという点についても議論を深め、教員自身が独自の評価指標を策定した。これは「協働型社会調査」の実践でもある(米原, 2019)。これらの評価指標を使ったモニタリング調査(全校児童に対するアンケート調査：事前事後比較分析のため年に二回実施)も継続的に実施されている。その調査結果を用いてプロセス評価・アウトカム評価が行われ、各取り組みの改善に活かされている。特にアウトカム評価においては、事前事後のアンケート調査の結果を比較分析し、その結果を報告書にまとめて保護者や地域住民、市内の他校、教育委員会などに配布したり、ホームページで公開したりすることでアカウンタビリティの確保にも努めている。

　同時に、この分析の結果を踏まえて教員研修会が開催され、そこでの議論や発見が次年度の教育活動や、ESDロジックモデルの修正・改善に活用され、

「面」の評価を実現している。ここでも上述の①～③の原則が重視されており、その結果、ごく自然に、「うまく結果に結びつかなかった点」や「期待通りに行かなかった点」に関心が集まり、議論が深められている。この研修会のワークショップの場では、評価実践の困難としてしばしば指摘される、良くない結果を隠そうとする傾向や、期待通りの結果が出なかったことによって生じる現場の不和感、あるいは評価結果に対する無関心などが観察されたことは、管見の限り、一度もない。むしろ、評価者によるファシリテーションを待つまでもなく、個々の教員が興味津々で分析結果に向き合い、エビデンスに基づいて問題点を洗い出し、同僚との議論の中で次年度の新たな取り組みを創造していく、評価的な思考（後述）が働いている様子が、毎回観察されている。

3　評価的思考：「与えられた価値」から「共創された価値」へ

　以上のような、プログラムや関係者に変容をもたらす「面」の評価の実践を下支えしているのは、上述の①～③の３つの原則である。協働型プログラム評価の各段階で①～③が尊重されることにより、実践現場に実質的な「協働」と「学び」がもたらされ、そこから新たな価値が共創される。そして、この共創された価値が、この学校のESD活動に更なる改善と変容をもたらしている。しかしながら、たとえ①～③の環境が整っていたとしても、プログラム評価の５段階をマニュアル化して機械的にその手順を踏むだけでは、必ずしも実質的な協働や学びは生まれないだろう。加えて、実質的な協働や学びを伴わない評価活動からは、価値の共創やそれに基づく改善も生まれないだろう。

　３つの原則に加えて、協働や学びを実質化しその効果を高めるために不可欠なのは、評価活動に関わる当事者たちの評価的思考（evaluative thinking）である。評価的思考とは、「好奇心に駆られ、エビデンスの価値を信じて、物事の想定事項を見える化し、思慮深い質問を投げかけ、内省や視点の選択を通じて物事の深い理解を追究し、状況をよく理解したうえでの

決断を下し、行動を用意する認知プロセスである」（Buckley et al. 2015；今田2020, pp.220-221）。グローバル目標や政策によって「与えられた価値」を教育活動の基準に置くのではなく、教員自身が評価的思考を持って主体的に価値の創出プロセスに参画することを支援するのが、プログラム評価の役割である。そこでは、個々人の思い込みや集団の同調圧力、あるいは特定個人の権威や無批判な前例に依るのではなく、調査データなどのエビデンスに基づき、様々な問いを投げかけあい、互いに学びあいながら、誰かの価値ではない自分たちの価値が共創される。協働型プログラム評価を実質的に機能させるのは、何よりも、評価的思考をもった当事者たちによる協働的な学びであると言えるだろう。

BOX　ホールコミュニティアプローチで取り組む "ESDプログラム評価"

横浜市立みなとみらい本町小学校　主幹教諭　高原洋介

　私たちの学校は、2018年度に開校した新しい学校です。開校当初より、豊かな地域資源と連携した「持続可能な社会の担い手を育成」を目指し、小学校でどのようなESDプログラムを実践できるのかを、学校全体で研究してきました。しかしながら、職歴・経験も専門教科もバラバラな職員間で、ESD推進に向けて足並みをそろえることはとても難しいものでした。その中で、とても有効だったのが「ESDロジックモデル」です。それは、ESD概念を私たち自身の言葉で「UNPACK」したロジックモデルが進むべき行動指標となるとともに、見過ごされてしまうかもしれない価値をロジックモデルで可視化したことで評価を通して価値付けすることができたからです。

　そして、ロジックモデルをもとに、ESDプログラムの「形成評価」を進めてきました。ESDプログラムがどの程度「活動主体の意識や行動の変化（変容）」や「関係者間の密接な連携」等を促しているか、といった検証を行いました。事前事後のアンケートを活動主体（児童、地域・保護者、教職員）に実施し、結果はできる限り数値化して客観的な分析を進めました。職員で分析する上で中心に取り扱ったのは、結果が顕著に表れた設問や職員の予想とのずれが生じた設問です。これらは数値化することで、見えていなかったことや気付いていなかったことが明らかになり、データを根拠に職員で話し合いができました。

　分析した結果は職員だけでなく、児童・保護者・地域とも共有しながら「協働型プログラム評価」を進めました。そのことで、次のような成果をあげることができたと考えています。

---

① ESD概念の可視化で、職員間のESDに対する捉えがそろった【共通理解】

　　職員一人ひとりが様々な教育活動にESDの意味や意義を感じ、学校経営を担う一員としての自覚が高まってきました。ESDの資質能力が、教育活動のどの場面で涵養されているのかが具体的になったことで、職員が子どもの活動に価値づけられるようになりました。また、体系的・俯瞰的にみられるようになったことで、生活科・総合的な学習の時間を中心とした「教科横断的な学び」を構想し、実践できるようになってきたとも思えます。

　　さらには、アンケート結果分析を通して学校運営の成果と課題について明らかになり、齟齬に気付くとともにエビデンスにもとづく改善を進められることにつながりました。

② 学校が地域・保護者に、「何をめざしているのか」を具体的に示すことができた【共創・連携】

　　家庭やPTA・教育奨励会・学校運営協議会といった保護者・地域に対して、学校が取り組むESDの活動内容や考え方への理解が深まり、協力体制が整ってきました。それは、保護者・地域に対して、ESDの視点を意識した活動内容や様々な情報提供によって、ESDに取り組むことの価値に関して共感を得られていると感じられました。そして、連携先と"何を/どのように"推進するのかを共有しやすくなってきました。

③ 児童が「ESDの視点を活動に取り入れること」が当たり前になってきた【日常化】

　　生活科・総合的な学習の時間だけでなく、委員会活動や実行委員といった学校全体の活動場面でも、「持続可能な社会とは？」との見方をもって取り組む姿が見られています。そして、自分たちの活動を発信する意義を実感し、表現力・発信力が身に付いてきました。

　その一方で課題も明らかになりました。職員からは、「可視化することで、枠にはめすぎていないか」「項目が細かくなるほど、ほかの要素とも複雑に関連してしまう」といったロジックモデルに関することや、「アンケートの結果分析が難しい」「指標に基づく結果は高評価だが、実態との乖離も見られている」といった課題もあがりました。すでに達成されていると思われる指標については、削除または文言の更なる具体化をしていく必要があると感じました。

　そこで、児童が活動主体となるESDロジックモデルの文言から、見直しを進めることとしました。もう一度、6年間で育成する子ども像に立ち返り、達成に向けて社会情動的スキル（非認知的能力）（OECD、2015）の視点も取り入れながら、再整理を進めました。児童が抱える課題だけでなく、そのよさもロジックモデルに位置付けながら、「豊かな地域資源と連携した持続可能な社会の担い手の育成」の具現化に努めています。

　新型コロナウィルス感染拡大によって、教育活動は様々な場面において制約を受けています。そんな時代だからこそ、私たちはESDを一層推進するべきだと考えています。それは、ESDで育成を目指す資質能力が、「WITHコロナ」にまさに求められているからです。正解のない不透明な時代だからこそ、「できない」で

はなく「できる」を考えて行動していく。これからも、ホールコミュニティアプローチでESDを推進していこうと考えています。

第6節　おわりに：協働による学びの一環としての評価

　これまでの検討を経て、なぜ「SDGsの取り組みは評価が難しい」と言われるのかが幾分かは明らかになっただろうか。国際開発における評価の歴史変遷にみるとおり、評価というもの自体が、その目的においても、方法においても、担い手という意味でも、ダイナミックに変化している。中でも、SDGs評価は、我々に本質的な問題の問い直しを迫っているという点を指摘した。従来は、総括的な評価を中心に、取り組みの「後で」、どれだけ達成できたか・できなかったかを、外部者による客観的な視点で確認することが評価の主たる活動であると考えられてきた。しかしながら、SDG4.7に代表されるような、SDGs時代に求められる課題の中には、従来のような「点」の評価では対応できないものが多々含まれている。評価の考え方を「点」から「線」へ、そして「面」へと広げていかなければ、ダイナミックな変化を捉えることは困難だろう。

　これと連動して、評価という活動がもつ、「価値を引き出す」という側面により注目する必要があるという点も本章で強調したつもりである。ダイナミックな変化の中では、また、多様性を尊重しようとする社会においては、グローバルな目標を、画一的にローカルな取り組みに適用することは困難である。量的拡大が主要な目的であった時代の評価の考え方（測定可能性）を現状に適用しようとするのではなく、そもそもの価値やシステムを捉えなおす考え方（評価可能性）を柔軟に導入する必要があるだろう。そのような「価値を引き出す」ための評価を実現するしくみとして、本章では、みなとみらい本町小学校が取り組む協働型プログラム評価の実践に注目した。当該小学校の事例からは、グローバルな目標を、「与えられた価値」として受け取るのではなく、自らの言葉で「共創された価値」へと「開封（unpack）」し、日々

の教育活動に繋いでいくプロセスが概観できた。また、このしくみを支える要因として、3つの原則と評価的思考が基盤となっていることも指摘した。

　冒頭で述べた通り、本章のみをもってSDGs時代に求められる評価の課題にこたえることは、筆者の力量に遠く及ばないが、本章で提示したSDGs時代の評価を読み解く視点とキーワードが、本書の各章を読み進めるうえでの道標となれば幸いである。

注
（1）1960年代の北米では、戦後の大規模な社会政策（ケネディ政権下の『貧困との戦い（War on Poverty）』やジョンソン政権下の『偉大な社会（Great Society）』等）に対する説明責任を求める風潮から、科学的アプローチに基づく評価学が発展していた。しかしながら、1980年代のレーガン政権下の緊縮財政で公共サービスの質が低下し、科学的アプローチと呼ばれる政策評価に対する市民の懐疑心が高まり、より現実や現場に即した評価が求められるようになった（Rossi, 2004）。
（2）例えば、1961年に採択された『国連開発の10年（United Nations Development Decade）』は、経済開発を目的とした取り組みで、「発展途上国全体における年率5％の経済成長」という目標が立てられた。同様に、例えば教育分野では『万人のための教育世界会議（World Conference on Education for All）』（1990年）、環境分野では『環境と開発に関する国際連合会議（United Nations Conference on Environment and Development）』（1992年）など、戦後から現在に至るまで多数の国際会議において国際開発目標が合意されてきたが、いずれもそれぞれの分野ごとの取り組みが中心で、全体を包括するような枠組みは用意されていなかった。
（3）SDGsの指標の定義については、2015年の採択当初から活発な議論が続いており流動的である。2020年7月に見直された新たなフレームワークによれば、全体数としては274の指標が列挙されているが、うち12の指標については2〜3の異なるターゲット間で同じ指標が共有されているため、固有の指標数としては231となる（UNSD 2021）。12の指標の共有状況は以下のとおり（数字はSDGsのゴール・ターゲット・指標に付されているもの：例えば、7.b.1は目標7ターゲットbのひとつめの指標を指す）。
　①7.b.1/12.a.1、　②8.4.1/12.2.1、　③8.4.2/12.2.2、　④10.3.1/16.b.1、　⑤10.6.1/16.8.1、　⑥13.2.1/13.b.1（微修正あり）、　⑦15.7.1/15.c.1、　⑧15.a.1/15.b.1、　⑨1.5.1/11.5.1/13.1.1、　⑩1.5.3/11.b.1/13.1.2、　⑪1.5.4/11.b.2/13.1.3、　⑫4.7.1/12.8.1/13.3.1

（4）さらに次世代を担う若手の評価者に焦点を当てたEvalYouthや、ジェンダー課題に焦点化したEvalGender+などの組織も立ち上げられ、評価に関わる市民アクターはますます多様化している。

（5）SDGsの指標は、グローバル指標と分野別指標（global and thematic indicators）に分かれている。紙幅の都合上、ここではグローバル指標のみに言及する。SDGs4の指標のリストはUNESCO-UIS（2021）を参照。

（6）ここでは詳細には立ち入らないが、学校教育制度の「外側」で展開される多様な教育機会についての現状とそれらについての論考として、大橋（2021）、丸山・太田（2013）、荻巣他（2021）山田・大野（2021）等を参照されたい。

（7）これは、近年の経営学で言われるアジリティ（agility俊敏性）を前提としたマネジメントの考え方や、PDCAサイクルに代わって注目されているOODAループ（Observe観察、Orient状況判断と方針決定、Decide意思決定、Act行動）の考え方により近いものと言えるかもしれないが、ここでは経営学的な検討には立ち入らないものとする。経営学的な議論については紺野・野中（2018）、野中・紺野（2003）等を参照されたい。

（8）大別すると、評価の目的には形成的（formative）なものと総括的（summative）なものがある（Scriven, 1991；山谷他, 2020）。総括的評価の目的は主としてアカウンタビリティの確保であり、ある取り組みの終了後に、その成果や効率性を評価するのが一般的である。これに対して、形成的評価は対象とする取り組みの改善を目的とする評価で、その取り組みの計画段階や実行段階で継続的に実施され、改善に資する情報（評価情報）を提供する。

（9）プログラム評価の詳細については、山谷他（2020）及びRossi et al.（2004）を参照されたい。

（10）本節の事例分析は、米原（2021c）の一部を加筆修正したものである。また、2018年度から始まった、みなとみらい本町小学校のESD評価の試みは、2019年度より、文部科学省『SDGs達成の担い手育成（ESD）推進事業』の実践モデルとなっている。詳細は事業報告書（米原2020a；2021a）および米原（2021b）を参照されたい。

（11）この点はみなとみらい本町小学校（2020；2021）を参照すると明らかである。みなとみらい本町小学校のESD Bookを見ると、学級レベルの取り組みも、学校レベルの取り組みも、「ESDロジックモデル」の項目に紐づいて実践されていることが明示されている。換言すれば、「ESDロジックモデル」に描いた目標が、具体的な教育活動のレベルに、実際に活かされているということである。

参考文献

Buckley, J., Archibald, T., Hargraves, M., & Trochim, W. M.（2015）Defining and teaching evaluative thinking: Insights from research on critical thinking,

American Journal of Evaluation, Vol.36, No.3, pp.375-388.

Cousins, B., and Earl, L. (1992) The case for participatory evaluation, *Educational evaluation and policy analysis*, Vol. 14, No.4, pp.397-418.

Jolly, R. (2002) Statisticians of the world unite: the human development challenge awaits, *Journal of Human Development*, Vol. 3, No. 2, pp.263-272.

Jolly, R. (2012) Adjustment with a Human Face, in Jolly R., ed., *Milestones and Turning Points in Development Thinking*, IDS Companions to Development, London: Palgrave Macmillan.

microTOOL (2021). *VUCA: Living and dealing with change.* (Retrieved July 8, 2021, from https://www.microtool.de/en/knowledge-base/what-does-vuca-mean/).

OECD (2020) *How's life? 2020: Measuring well-being.* (Retrieved July 8, 2021, from https://www.oecd-ilibrary.org/economics/how-s-life/volume-/issue-_9870c393-en).

Patton, M. (2011) *Developmental evaluation: Applying complexity concepts to enhance innovation and use*, NY: The Guilford Press.

Patton, M., McKegg, K., and Wehipeihana, N. (2016) *Developmental evaluation exemplars: Principles in practice*, NY: The Guilford Press.

Patton, M. (2019) *Blue marble evaluation: Premises and principles*, NY: The Guilford Press.

Rossi, P. H., et al. (2004) *Evaluation: A systematic approach* (7th ed.), CA: Sage publication.（大島巌他訳『プログラム評価の理論と方法：システマティックな対人サービス・政策評価の実践ガイド』日本評論社、2010年。）

Rugh, J., and Segone, M. (2013) *Voluntary Organizations for Professional Evaluation* (*VOPEs*)*: Learning from Africa, Americas, Asia, Australasia, Europe and Middle East*, UNICEF.（Retrieved June 2, 2021, from https://www.evalpartners.org/sites/default/files/UNICEF_NY_ECS_Book2_web.pdf).

Scriven, M. (1991) *Evaluation thesaurus* (4th ed.), CA: Sage publications.

Streeten, P., et al. (1981) *First things first: Basic human needs in developing countries.* Washington DC: World Bank Publication.

Sen, A. (1999) *Development as freedom*, NY: Anchor books.（石塚雅彦訳『経済開発と自由』日本経済新聞社、2000年。）

UNESCO (2016) *Unpacking sustainable development goal 4 education 2030 guide*, UNESCO.（Retrieved June 2, 2021, from https://unesdoc.unesco.org/ark:/48223/pf0000246300).

UNESCO-UIS (2021) *SDG 4: Global and thematic indicator lists.* (Retrieved July 8, 2021, from http://tcg.uis.unesco.org/sdg-4-global-and-thematic-indicator-lists/).

United Nations Department of Economic and Social Affairs（UNDESA）（2017）
Sustainable development knowledge platform: Voluntary national reviews database.
（Retrieved March 24, 2021, from https://sustainabledevelopment.un.org/
vnrs/）.

United Nations Development Program（UNDP）（1990）*Human development
report 1990: Concept and measurement of human development*, NY: Oxford
University Press.

United Nations Development Program（UNDP）（2020）*Human development
report 2020: Technical note*, UNDP.（Retrieved July 8, 2021, from http://hdr.
undp.org/sites/default/files/hdr2020_technical_notes.pdf）.

United Nations Inter-agency and Expert Group SDG Indicators（UN IAEG-
SDGs）（2020）Tier classification for global SDG indicators.（Retrieved March
24, 2021, from https://unstats.un.org/sdgs/files/Tier%20Classification%20of%20
SDG%20Indicators_17%20July%202020_web.v3.pdf）.

United Nations Statistics Division（UNSD）（2021）SDG indicators: Global
indicator framework for the Sustainable Development Goals and targets of the
2030 agenda for sustainable development.（Retrieved June 2, 2021, from
https://unstats.un.org/sdgs/indicators/indicators-list）.

World Bank（1978）World development report: Prospects for growth and
alleviation of poverty, World Bank.

Yonehara, A., Saito, O., Hayashi, K., Nagao, M., Yanagisawa, R., & Matsuyama,
K.（2017）The role of evaluation in achieving the SDGs, Sustainability Science,
Vol.12, No.6, pp.969-973.

今田克司（2020）「NPO事業評価」山谷他編『プログラム評価ハンドブック』晃洋
書房。

大橋知穂（2021）『未来を拓く学び「いつでも どこでも 誰でも」：パキスタン・ノ
ンフォーマル教育、0（ゼロ）からの出発』佐伯印刷。

荻巣崇世・橋本憲幸・川口純（2021）『国際教育開発への挑戦：これからの教育・
社会・理論』東信堂。

外務省（2019）『ミレニアム開発目標MDGs』（https://www.mofa.go.jp/mofaj/
gaiko/oda/doukou/mdgs.html）（2021年6月28日最終確認）。

外務省（2021）『Japan SDGs Action Platform: SDGグローバル指標 4 質の高い教
育をみんなに』（https://www.mofa.go.jp/mofaj/gaiko/oda/sdgs/statistics/
goal4.html）（2021年6月28日最終確認）。

紺野登・野中郁次郎（2018）『構想力の方法論』日経BP。

スティグリッツJ.（2020）「グローバル化する世界における経済学者の役割とは」『経
済セミナー』Vol. 712, 8-18頁。

野中郁次郎・紺野登（2003）『知識創造の方法論：ナレッジワーカーの作法』東洋経済新報社。

真野毅（2015）「プログラム評価による自治体戦略の協働マネジメント―豊岡市における新しいガバナンス体制の試み―」『日本評価研究』第15巻第 1 号, 69-81頁。

丸山英樹・太田美幸（2013）『ノンフォーマル教育の可能性：リアルな生活に根ざす教育へ』新評論。

みなとみらい本町小学校（2020）『未来創造ESD BOOK feat. MM2019：小さな一歩、広がる未来へ』横浜市立みなとみらい本町小学校（https://www.edu.city.yokohama.lg.jp/school/es/minatomiraihoncho/index.cfm/1,2556,c,html/2556/20200514-134454.pdf）（2021年 6 月28日最終確認）。

みなとみらい本町小学校（2021）『しなやかESD BOOK feat.MM2000：見えない価値へ、挑戦していく』（https://www.edu.city.yokohama.lg.jp/school/es/minatomiraihoncho/index.cfm/1,2556,c,html/2556/20210426-142253.pdf）（2021年 6 月28日最終確認）。

源由理子（2014）「地域ガバナンスにおける協働型プログラム評価の試み」『評価クォータリー』第30巻、2-17頁。

源由理子（2016）『参加型評価：改善と変革のための評価の実践』晃洋書房。

文部科学省（2019）『第 3 章　生涯学習社会の実現』（https://www.mext.go.jp/b_menu/hakusho/html/hpab201901/detail/1421865.htm）（2021年 6 月28日最終確認）。

山田肖子（2016）「SDG4形成過程の言説分析に基づくグローバル・ガバナンス再考」『国際開発研究』第25巻第 1 ・ 2 号、17-33頁。

山田肖子・大野泉（2021）『途上国の産業人材育成：SDGs時代の知識と技能』日本評論社。

山谷清志、源由理子、大島巌（2020）『プログラム評価ハンドブック』晃洋書房。

米原あき（2013）「人間開発指数再考：包括的な開発評価への試み」『日本評価研究』Vol. 12, No. 3, 91-105頁。

米原あき（2016）「『学び』の一環としての『評価』：協働型で行うプログラム評価の可能性」『日本/ユネスコパートナーシップ事業ESDの教育効果（評価）に関する調査研究報告書』岡山大学、52-62頁。

米原あき（2019）「協働型プログラム評価実践における『協働型社会調査』：参加型のアプローチでエビデンスを創出する試み」『評価クォータリー』第50号, 2 ～ 17頁。

米原あき（2020a）「協働型プログラム評価によるESDスクール・マネジメント実践に関する調査研究」『2019年度横浜市ESD推進コンソーシアム実践報告書：横浜市立ユネスコスクールESD推進校実践報告（文部科学省『SDGs達成の担い手育成（ESD）推進事業』）横浜市教育委員会。

米原あき（2020b）「エイジェンシー的自由とコミットメント：SDGs時代の『個人』

と『社会』をめぐる理論考察」佐藤真久他編『SDGs時代のESDと社会的レジリエンス』筑波書房。

米原あき（2021a）「協働型プログラム評価によるESDスクール・マネジメント実践に関する調査研究ver.2」『2020年度横浜市ESD推進コンソーシアム実践報告書：横浜市立ユネスコスクールESD推進校実践報告（文部科学省『SDGs達成の担い手育成（ESD）推進事業』）』横浜市教育委員会。

米原あき（2021b）「協働型プログラム評価を用いたESDスクール・マネジメントの実践」本図愛美編『グローバル時代のホールスクールマネジメント』ジダイ社。

米原あき（2021c）「SDG教育目標にみる理念志向ターゲットの評価に関する一考察：測定可能性（measurability）から評価可能性（evaluability）へ」『日本評価研究』第21巻第2号、31-46頁。

米原あき・丸山緑・澤田秀樹（2016）「ODA技術協力プロジェクトにおけるプログラム評価の試み―トルコ国防災教育プロジェクトを事例に―」『国際開発研究』第25巻第1・2号, 91-105頁。

[本章で言及した評価団体のHP]

Asia-Pacific Evaluation Association（APEA）- https://www.asiapacificeval.org/

Eval4Action - https://www.eval4action.org/

EvalGender+ - https://evalpartners.org/evalgender

EvalPartners - https://evalpartners.org/

EvalSDGs - https://evalsdgs.org/

Evaluation Community of India（ECOI）- https://www.ecoionline.com/

EvalYouth - https://evalyouth.org/

International Organization for Cooperation in Evaluation（IOCE）- https://www.ioce.net/

第2章

持続可能性における評価：協働と学びをつなげる評価のしくみ[1]

佐藤 真久

第1節　はじめに

　本章では、「持続可能性における評価：協働と学びをつなげる評価のしくみ」と題して、本書で取り扱われている評価の議論を、"社会変容と個人変容の連動性"を高める営みとして捉えることとしたい。

　筆者は、UNESCOが主導機関の役割を果たしてきた「国連・ESDの10年」（2005-2014）とそれに続くSDGs達成年（2030年）に向けた国内外の取組に深く関わっている。本章前半では、まず「国連・ESDの10年」の概要、中間年前後で指摘がなされた"社会変容と個人変容の連動性"、その後の国際プログラム「グローバルアクション・プログラム：GAP」、「ESD for 2030」において指摘されている"構造的変容"について述べる（第2節）。その後、「国連・ESDの10年」の知見に基づき、評価の捉え方の転換の重要性を指摘し、"社会変容と個人変容の連動性"を高める際に参考となる順応的協働ガバナンスと社会的学習に関する理論や特徴、歴史的変遷について述べる（第3節）。

　さらに、筆者は、環境省・協働取組推進事業（2013年度）[2]、環境省・協働取組加速化事業（2014-2017年度）[3]（以下、総じて、環境省・協働取組事業と呼ぶ）にアドバイザリー委員会の委員長として深く関わってきた。本協働取組事業の特徴は、採択されたプロジェクトを、（1）採択団体が環境

Key Word：国連・ESDの10年、個人変容と社会変容の学びの連関、順応的協働ガバナンス、社会的学習

省・地方環境事務所、自治体、地方パートナーシップ・オフィスとの連携の下で行い、政策課題と連動をさせた協働の体制づくりを行う点、（2）また、実践と理論の反復を通して、関わる主体とともに知見[4]の蓄積・共有を行う点に特徴がみられる。第4節では、本協働取組事業の取組の概要、活動結果、成果を紹介し、本事業における評価の取り組み、協働と学びをつなげる評価のしくみについて考察する。とりわけ、（1）順応的協働ガバナンスと社会的学習を連動させたしくみ、（2）個人変容を通して、社会変容を促す評価活動、（3）社会変容を通して、個人変容を促す評価活動、（4）実践と理論の反復による知見の蓄積と共有、そして、（5）協働の促進要因・阻害要因について、考察をすることとしたい。

　第5節では、協働と学びをつなげ、評価活動を支える中間支援機能についての考察を試みる。最後に、"社会変容と個人変容の連動性"を高める評価の営みの拡充にむけて、その課題と展望について述べることとしたい。

第2節　「国連・ESDの10年」の知見〜 "社会変容と個人変容の連動性" を高める

　2005年から2014年に実施された「国連・ESDの10年」の知見は、教育分野にとどまらず、社会変容にむけた協働のあり方、協働を通した学びの構築（社会的学習）に大きな貢献をもたらしている。本節では、「国連・ESDの10年」を概観するだけでなく、中間年前後で指摘された "社会変容と個人変容の連動性" を高めることの重要性について述べることとしたい。さらには、SDGs達成年（2030年）にむけて進行中の「ESD for 2030」における優先領域と強調されている点を捉えることにより、持続可能性における評価（evaluation in sustainability）を考察する際の視座を提供するものである。

1　「国連・ESDの10年」の概要

　「国連・ESDの10年」の国際実施計画（IIS、2005年）では、「国連・ESD

の10年」の背景には2つの起源があるとし、それは、(1) 人間開発アプロー
チ、質の高い基礎教育、アクセスのユニバーサル化と教育機会の平等達成、(2)
持続可能な開発と教育、であると指摘している（佐藤，2016c）。「人間開発
アプローチ、質の高い基礎教育、アクセスのユニバーサル化と教育機会の平
等達成」に関する歴史的流れは、1948年の世界人権宣言、1989年の子どもの
権利条約からの流れを受け、その後の「人間開発アプローチ」と国際的な教
育論議に続いている。一方、「持続可能な開発と教育」は、1972年の国連人
間環境会議（ストックホルム会議）や、1987年の持続可能な開発に関する『わ
れら共有の未来』（ブルントラント・レポート）の発表、そして、1990年代
の環境と開発に関連する一連の国際会議の流れを受けているものである。二
つの流れの合流点が、1992年に開催された国連環境開発会議（UNCED、通称：
リオ会議）であると言われており、とりわけ、当該会議（UNCED）におけ
るアジェンダ21第36章において、持続可能性に配慮をした教育の重要性が謳
われた。「国連・ESDの10年」は、このような国際的な議論の流れを受けて、"持
続可能性な社会の担い手づくり（持続可能性のための人間開発）"に焦点が
置かれた国連プログラム[5]であったと言えよう。

2　「国連・ESDの10年」の知見[6]

　「国連・ESDの10年」の中間年会合（2009年、ボン）は、ESDにおける行
動の重要性が強調されたものであった。2009年の中間年会合で発表された「ボ
ン宣言」では「21世紀のESD」が提示され、「国連・ESDの10年」国際実施
計画（IIS）（UNESCO、2005）[7]に比べて、より実践色の強い文書となっ
ている[8]。この中間年会合では、周知の「学習の四本柱」(learning to be,
to know, to do, and to live together) に 加 え、"learning to transform
oneself and society"（個人変容と社会変容の学びの連関）を「新しい学習の
柱」として位置づけている（UNESCO、2009）（図2-1）。教育はこれまで、
すべての人の学ぶ権利を保障し、その学びの質を高めるという文脈で取り扱
われてきた。その一方で、ESDでは、すべての人の学ぶ権利を保障し、学び

新しい学習の柱 (UNESCO 2009)
"Learningto TransformOneself and Society"
佐藤 2016)訳：個人変容と社会変容の学びの連関

図2-1　ESDの捉え方〜 "個人変容と社会変容の学びの連関"

の質の向上に貢献しつつ、"個人が変わる（自己も他者も）こと" と、"社会
を変えること" を連動させた学びの形態であることが読み取れる。この「新
しい学習の柱」[(9)] は、「国連・ESDの10年」における中頃から広まってきた
用語であるが、「国連・ESDの10年」開始当初から用語そのものがあったわ
けではない。「ESDは動的である "ESD itself is on the move"」（UNESCO、
2012）との指摘通り、世界で直面する課題・状況に応じて、ESDの概念にも
進展が見られてきたと言えるだろう。

3　「ESD for 2030」〜求められる "構造的変容"

　「国連・ESDの10年」（2005-2014）とその後のグローバルアクション・プ
ログラム（GAP）を通して、今日では、SDGs達成年（2030年）に向けた国
際プログラムである「ESD for 2030」が進行中である。この「ESD for
2030」では、ESDはSDG第 4 目標（質の高い教育）に資するものとしてだけ
でなく、SDG全体を達成することに貢献するものとして位置づけられている。
まさに、ESDが社会変容に貢献しつつ、個人変容にも貢献するという、"社
会変容と個人変容の連動性" の特徴を読み取ることができる（**図2-2**）。
　「ESD for 2030」では、「国連・ESDの10年」とGAPに引き続き、 5 つの
優先領域（政策、機関包括型アプローチ、教育者、ユース、コミュニティ）
の重要性が指摘されただけでなく、内容面としては、①気候変動、②生物多

図2-2　教育の質を高め、SDGs全体の達成を促すもの（enabler）としてのESD
（UNESCO, 2020）

様性、③ユースの面が強調された点で、これまでの一連の国際会議とは一線を画すものであり、地球環境への強い危機感と、ユースの主体的な参画を促す点で特徴が見られる。さらに、強調されていることは、変容を促すアクション（transformative action）、構造的変容（structural changes）、技術革新（technological future）である。ESDという言葉を聞くと、個人変容を重視した教育的・学習的側面が強く認識される傾向があるが、「ESD for 2030」で指摘されているESDは、教育（education）や学習（learning）の充実というよりも、より“社会変容と個人変容の連動性”を高めるためのしくみの構築とエンパワーメント（empowerment）の意味合いが強い。

　「ESD for 2030」の開始に向けたベルリン世界大会では、その最終日（2021年5月19日）に「ベルリン宣言」[(10)]が採択された。この「ベルリン宣言」

では、「ESDは、学習者が、批判的思考や協調・課題解決能力、複雑さやリスクへの対応力、レジリエンスの強化、体系的かつ創造的に思考する力といった認知的能力及び非認知的能力を培うことを可能にし、市民として責任ある行動を取る力を与え、SDG4——教育2030に定められた質の高い教育を受ける権利を実現させる。」とし、SDG第4目標を達成させるものとして、さらには、SDGs全体に貢献をするものとして位置付けられている。

　これらの指摘を踏まえると、従来のように、社会変容に向けた取組やしくみ（行動・協働とそのしくみ）、個人変容に向けた取組やしくみ（教育・学習・能力開発とそのしくみ）を別々に捉えるのではなく、変容を促すアクションとして、その連動性を高めた"構造的変容"が求められていると言えよう。持続可能性における評価（evaluation in sustainability）を考察する際も、多義的な評価活動を機能させる構造に注目し、その統合的な取組を拡充すべく、"構造的変容"を意識することが求められる。今後、協働と学びの連動性を高めることによって（新たな）価値を引き出し、SDGs時代に求められる変容を促す営みが重要であると言える。

第3節　持続可能性における評価のあり方〜ESDに関連する評価議論に基づいて

　本節では、持続可能性における評価（evaluation in sustainability）のあり方を、「国連・ESDの10年」を通して得られた知見[11][12]に基づいて考察することとしたい。岡山大学は、「国連・ESDの10年」の終了を受けて、2015年度に、「ESDの教育効果（評価）に関する調査研究プロジェクト」を実施し、報告書をまとめている（岡山大学、2016）[13]。本節では、本報告書で指摘されている評価の論点を整理し、その後、"社会変容と個人変容の連動性"を高めるために参考となる、（1）協働のしくみ・プロセスとしての「順応的協働ガバナンス」と、学びのしくみ・プロセスとしての「社会的学習（第三学派）」について、考察を深めることとしたい。

1 持続可能性における評価〜評価の捉え方の転換

　川田（2016）は、多様な研究者・実践者との共同研究プロジェクトを通して、「国連・ESDの10年」を通して蓄積されたESDに関する多様な評価研究をレビューし、まとめとして以下を述べ、研究分担者である米原の指摘する評価に関する見解（米原、2016）を支持している。

> 　……ESD は状況依存的学び、文脈的学びということができ、ESD には包括的・プログラム的な評価枠組みが適していると考えることができる。また、ESDは包括的・総合的な学びであるため汎用的到達目標を設定することが困難と考えられることである。このことを踏まえると、目標への到達度を測定して評価を行うという総括的評価の実施は困難であり、ESDには参加型の形成的評価が適しているといえる。また、ESDでは、特定の正解を指向しないことから、学習者の主体的・能動的な学びを重視し、その評価も絶対的評価が適していると考えられるということである。これらのいずれもが、ESDの評価枠組みとして参加型プログラム評価が適切である……。　　　　　　　　　　　　　　川田（2016）

　米原（2016）は、当該の共同研究プロジェクトを通して、ESDの拡充に向けて、評価の捉え方そのものを変えることの重要性を以下のように指摘している（**表2-1**）。

表2-1：ESDにおける評価の捉え方の転換

① 定義自体が不明瞭なESDに対する評価の考え方 　⇒事後的・総括的な評価から、形成的・協働的な評価への転換 ② ESD 評価の目的と意義についての考え方 　⇒説明責任・順位付けのための相対評価から、個々の改善のための絶対 　　評価への転換

③ ESD評価を行うシステムについての考え方
　⇒個別的・独立型の評価から、包括的・プログラム型の評価への転換

米原（2016）

　さらに米原（2016）は、これらの評価の捉え方の転換を実現する手法とし
て、協働型で行うプログラム評価の可能性について考察している。そして、「協
働型プログラム評価は、学習者の能動的かつ協働的な学びを評価するための
手法として大きな可能性をもっており、教育活動から評価活動を切り離すの
ではなく、能動的かつ協働的な学びを支援する、教育活動の一環として位置
づけることができる」と述べている。筆者は、米原（2016）の指摘を支持し
つつも、協働型プログラム評価は、教育活動の一環として位置付けられるだ
けでなく、社会変容に向けて順応的な協働ガバナンスを効果的に機能させる
協働活動の一環としても位置付けられると考えている。持続可能性における
評価は、このように、協働と学びによって（新たな）価値を引き出し、
SDGs時代に求められる社会と個人の変容を促す営みであるということがで
きよう。
　「国連・ESDの10年」の後半期においても、協働と対話、全体システム、
地域的文脈への配慮、行動的・参加型学習などの重要性が指摘されたほか
（UNESCO, 2011）、最終年においては、持続可能な開発アジェンダと教育ア
ジェンダが収斂しつつあること、多様な主体との連携・協働、機関包括型ア
プローチの重要性が指摘された（UNESCO, 2014）。これらの指摘は、米原
（2016）が指摘する、（1）形成的・協働的な評価への転換、（2）個々の改善
のための絶対評価への転換、（3）包括的・プログラム型の評価への転換の指
摘ともその整合性が見られると言えよう。
　このように「国連・ESDの10年」の知見は、評価そのものの捉え方の転換
を提示しているだけでなく、持続可能性における評価（evaluation in
sustainability）の視座を提供しているものと言えるだろう。これらを踏まえ、
次項では、順応的協働ガバナンスと社会的学習に関する知見を整理すること

としたい。以下に示す、順応的協働ガバナンスと社会的学習の議論において共通している点は、VUCA社会における複雑性を前提としており、状況的・文脈的側面を重視し、変容の連鎖を促す動的で包括的なしくみ・プロセスであることを読み取ることができる。

2 社会変容に向けた順応的協働ガバナンスの構築

協働プロセス全体を俯瞰した視点からとらえたものが、いわゆる「協働ガバナンス」(collaborative governance) に関する研究である。「協働ガバナンス」とは、「それ以外の方法では達成できなかった公共の目的を遂行するために、公的機関、各種政府機関、および／またはパブリック、民間および市民の領域間の境界を越えて、建設的に人々を従事させる、公共政策にかかる意思決定と管理のプロセスと構造」(Emerson, Nabatchi, & Balogh, 2012) と定義される。Ansell & Gash (2008) は、協働にかかる137の事例研究文献を対象に、事例に共通する変数(要素)を抽出し、変数間の関係を分析し、協働プロセスの具体性と促進機能の網羅性に優れているモデルを構築した。

佐藤・島岡 (2014) は、(1) コンティンジェンシー・モデルを目指す協働ガバナンス・モデル (Ansell & Gash, 2008) と、(2) Havelock & with Zlotolow (1995) の指摘するチェンジ・エージェント機能を結合させた協働ガバナンス・モデル[14]を提示している。具体的には、[開始時の状況] として、(1) パワー・資源・知識の非対称性、(2) 協力あるいは軋轢の歴史(開始時の信頼の程度)、(3) 参加の誘発と制約、[運営制度設計] として、(1) 広範なステークホルダーの包摂、(2) 討議の場の唯一性、(3) 明確な基本原則、(4) プロセスの透明性、[協働プロセス] として、(1) 膝詰めの対話、(2) 信頼の構築、(3) プロセスへのコミットメント、(4) 共通の理解、(5) 中間成果、[チェンジ・エージェント機能] として、(1) 変革促進、(2) プロセス支援、(3) 資源連結、(4) 問題解決策の提示、から構成される。Ansell & Gash (2008) の提示するコンティンジェンシー・モデルとは、状況に応じ

てスタイルを変える「状況適合理論」に基づくものであり、本モデルは順応的な協働ガバナンスのモデルであることが理解できるだろう。

3　個人変容に向けた社会的学習（第三学派）の構築

Didham と Ofei-Manu（2015）は、社会的学習理論の開発と歴史において、以下の三学派があることを指摘している[15]。

「社会的学習（第一学派）」の理論は、1960 年代初期にBandura により開発され、社会認識理論、認知心理学の分野に基づいている。社会的学習理論に関する認知心理学の学派は、個人がいかにして社会から学習するかを説明している。

「社会的学習（第二学派）」の理論は、組織的学習と 組織管理の分野で発展した。第二学派の概念は、二重ループ学習（Double-loop Learning）、行動学習プロセスなどについて、それぞれ知見が構築されてきた。1990年代には、Sengeのように、企業を構造化し、「学習する組織」（Learning Organizations）に発展させるための具体的な提案を行う上でこのアプローチを採用した研究者も存在した（Flood, 1999）。第二学派は、いかにして集団的学習とグループ学習が発生するか、また、それがグループメンバーの実社会での経験にどのように影響されるか、組織がいかに学習し適応するかという理解を導いている。

近年の「生態学的・持続可能性社会的学習」（Ecological / Sustainability Social Learning、以下、「社会的学習（第三学派）」）の理論は、協働ガバナンスのプロセスにおいて、持続可能性の構築に向けて社会的変革に取組むことを可能にする「変容を促す学習」（transformative learning）のプロセスの構築に資する モデルを提供している。

「社会的学習（第三学派）」は、およそ 10 年前に誕生し、生態学的問題、天然資源管理、持続可能な開発の理論を適用したことで知られる。この第三学派は、新しい持続可能な生活の方向性について、いかにして 人々が集団的に考え、協議し、構想するかを検討している。そして、「社会的学習（第

三学派）」は、「新しい、予想外の、不確実かつ予測不可能な状況で活動する
グループ、共同体、ネットワーク、社会システムで発生する学習は、予想外
の状況における問題解決に向けられ、このグループまたは共同体において有
効な問題解決能力の最適利用によって特徴付けられる」と定義される
（Wildemeersch 1995 in Wildemeersch 2009: 100）。とりわけ、「社会的学習（第
三学派）」は、「国連・ESDの10年」の後半期においても議論が深められ、
VUCA社会において、状況的に協働と学びを深め、その連動性を高める点を
強調している。

第4節　環境省・協働取組事業と評価の取り組み

　本節では、協働と学びをつなげる評価を検討するにあたり、参考となる環
境省・協働取組事業の概要、活動結果・成果、評価の取り組みを紹介する。
本協働取組事業では、事業開始段階における説明会、事業終了段階における
全体会合（協働ギャザリング）、事業実施中における中間支援活動、事業実
施中における実践と理論の反復（関係主体による知見共有・蓄積のプロセス）
を強化させてきた。本節では、これらの活動を紹介するとともに、状況的・
文脈的に協働と学びをつなげる評価のあり方について、考察を深めることと
したい。

1　本協働取組事業の概要、活動結果と成果

　本協働取組事業が2013年度から開始した背景には，2011年6月に「環境の
保全のための意欲の増進及び環境教育の推進に関する法律」の改正法である
「環境教育等による環境保全の取組の促進に関する法律（環境教育等促進法）」
が公布（2012年10月に完全施行）されたことがある。この法律改正の背景に
は、環境を軸とした成長を進める上で、環境保全活動や行政・企業・民間団
体等の協働がますます重要になっていることがあり、法目的に、協働取組の
推進が追加された。この「環境教育等促進法」の公布により、行政・企業・

民間団体などによる協働の重要性の認識の拡大が、本協働取組事業の開始・継続を後押しすることとなった。

　実施体制は、全国レベルでは、環境省、GEOC（全国事務局，地球環境パートナーシッププラザ）、アドバイザリー委員会により、本協働取組事業の設計および成果取りまとめがなされた。地方レベルでは、環境省・地方事務所、地方EPO（地方環境パートナーシップオフィス）が中間支援組織として、本協働取組事業に対する伴走支援をするものであった。

　本協働取組事業は5年間を通して、計49件の協働取組が全国31の都道府県を舞台に行われた。これらの協働取組のテーマは、公害、地域エネルギー開発、森林、海辺の環境整備など様々であり、その地域性や地域規模、実施主体もNPO法人、企業、一般社団法人、自治会など多種多様であった[16]。

　本協働取組事業は、様々な主体による協働での地域の環境課題の解決を目指し、かつ全国的に普及・共有可能な先導的なモデルを形成することを目指した事業であった。本協働取組事業の特徴は、協働という複雑な事象に、協働体制を構築し、実践と理論の両面からアプローチし、かつそれらを融合的に議論し、実践に戻すというサイクルを試みているところにあった。結果、本協働取組事業からは様々な活動と成果がうまれた。本事業で採択された49の協働取組事例には、606の関係主体が関与した。政策へのインパクトとしては、106の自治体が関与し、136の条例や計画策定に影響を与えている。また、これまでの採択団体は、本事業の支援終了後もそのおよそ9割が何等かの形で取組を継続しているという成果を生み出している。

2　本協働取組事業における評価の取り組み

（1）各協働取組の進捗・活動結果・成果に関する評価

　本協働取組事業の各協働取組の進捗・活動結果・成果においては、プロジェクト・マネジメント評価が実施された。評価項目については以下の通りであった（表2-2）。この評価項目に基づく評価は主として、各協働取組の進捗の確認、活動結果の整理と共有、成果の意味づけにおいて使用され、事業

終了時の全体会合において共有された ⁽¹⁷⁾。

表2-2：環境省・協働取組事業における各協働取組の評価項目

- プロジェクトの効率的な遂行のための仕掛け（効率性の評価）⁽¹⁸⁾
- プロジェクトの効果を高める仕掛け（効果－目標達成度の評価）⁽¹⁹⁾
- 年度当初の計画が妥当であったか（計画妥当性の評価）⁽²⁰⁾
- プロジェクトへの関係主体の巻込み度（関係主体の巻込み度）⁽²¹⁾
- プロジェクトの関係主体の満足度のマネジメント（関係主体の満足度）⁽²²⁾
- プロジェクトの社会的インパクトのマネジメント（社会的インパクトの評価）⁽²³⁾
- プロジェクトが自立発展的に成長する仕掛け（自立発展性の評価）⁽²⁴⁾

佐藤（2014）

　本協働取組事業における各協働取組の進捗・活動結果・成果に関する評価においては、従来、活用されている経済開発協力機構／開発援助委員会（DAC）評価５項目による評価の視点（効率性、効果、計画妥当性、社会的インパクト、自立発展性）に加えて、「関係主体の巻き込み度」、「関係主体の満足度」が追加されている。本協働取組事業において、「関係主体の満足度」、「関係主体の巻込み度」は、人々の内発的な側面を可視化し、協働と学びのしくみ・プロセスを捉える評価指標として重視される。「関係主体の満足度」を捉えるキーワードには、「オーナーシップ」、「効力感」、「学習の深化」、「主体力量形成」などがあげられている。オーナーシップとは、プロジェクトにかかわる人々全員が、主体者意識を持ち、自分たち自身のこととして取り組んでいるかどうかということである。そして、自分自身が活動に関わることで、良い結果・効果がもたらされているのだという認識があるかどうかという「効力感」、さらに、環境という刻々と変化しつづけるものに対し、対策や取組をその時々の状況に適応させたり、応用したりということにつながるかという「学習の深化」が創出される。「関係主体の巻込み度」を捉えるキーワードには、「ジェンダー」、「マイノリティー」、「意思決定への配慮」、「社

会形成」などがあげられている。これらは、個人や集団のエンパワーメント
と社会変革を意識し、社会問題、社会的弱者を取込み、活動に巻き込んで
いくことの必要性を示唆したものとして、「地域社会における環境保全にむけ
た連携・協働」の文脈にとても有効な視点であると考えられる。

（2）各協働取組の協働ガバナンスの構築にむけた中間支援機能の評価

　さらに、各協働取組の協働ガバナンスの構築にむけて、中間支援組織（環
境省・地方事務所、地方EPO）の中間支援機能の評価を実施した。評価項
目については、佐藤・島岡（2014）に基づく、協働ガバナンスにおける中間
支援機能[25]とした（**図2-3**）。この評価項目は主として、各協働取組が有す
る協働ガバナンスの構築への中間支援機能の確認、活動結果の整理と共有、
中間支援機能に知見蓄積において使用され、中間支援組織間での検討会での
活用、事業終了時の全体会合において共有された。

3　順応的協働ガバナンスと社会的学習を連動させたしくみ

　近年の「社会的学習（第三学派）」の取組は、ガバナンス構造と自然環境
という文脈に「社会的学習」のプロセスを組み込んでいる。天然資源管理は、
高い不確実性と限られた予測性という複雑な問題に直面しており、それゆえ
適切かつ効果的な資源管理を確保する上で人間的側面が重要な役割を果たす。
したがって、これらの問題、課題に関する集団的な意思決定に多様なステー
クホルダーを参画させるガバナンス・プロセスは、問題解決と適応管理に関
する人間の可能性を生かす上で重要となるといえよう。Pahl-Wostl and
Hare（2004）は、「このことは、問題解決に対するコミュニケーション、観
点の共有、適応するグループ戦略の開発に関する疑問の優先度が高い場合、
管理は一つの問題に対する最適解の探索でなく、進行中の学習と交渉のプロ
セスを意味することを示している」とし、「順応的協働ガバナンス」におけ
る「社会的学習」の役割を強調している。
　筆者は、本協働取組事業の運営と各協働取組の事例研究を通して、対象と

45

協働ガバナンス

運営制度の設計
・広範なステークホルダーの包摂
・討議の場の唯一性
・明確な基本原則
・プロセスの透明性

開始時の状況
パワー・資源・
知識の非対称性

参加の誘発と制約

協力、あるいは軋
轢の歴史（開始時
の信頼の程度）

協働のプロセス

信頼の構築 ┈┈▶ プロセスへの
コミットメント

膝詰めの対話
・誠実な折衝
・相互理解

社会的
学習

・相互依存の認識
・主体的なかかわり
の共有
・相互利益追求への
意識

中間の成果
・小さな達成
・戦略的計画
・共同の事実発見

共通の理解
・明確なミッション
・問題の共通理解
・共有できる価値の固定

アウトプット（活動結果）
・計画妥当性・目標達成度
・受益者の満足度・効率性
・関係主体の参込度合

アウトカム（成果）
・受益者の主体的行動
・継続できるコミュニティ
・施策、制度への反映

社会的インパクト
複雑な社会問題の予防、
早期発見、対応ができる
社会システム

チェンジ・エージェント機能
変革促進・プロセス支援・資源連結・問題解決提示

※Ansell, C., & Gash. A. (2008). Havelock, R. G., & with Zlotolow, S.(1995)、佐藤・島岡（2014）に基づき、共筆者作成

図2-3　順応的協働ガバナンスと社会的学習の連動モデル（佐藤・広石、2018）

する協働取組には、「協働」を構造づける「順応的協働ガバナンス」が見られ、その「順応的協働ガバナンス」における「協働のプロセス」をスパイラル状に実施・展開している事例には、「社会的学習」が内在している点（「学習」を構造づける「社会的学習」の存在）を指摘している（佐藤 2015；佐藤2016d）。

　これらを踏まえ、佐藤・広石（2018）は、環境省・協働取組事業やその他の様々な協働取組事例を考察し、佐藤・島岡（2014）に基づいた、順応的協働ガバナンスと社会的学習の連動モデルを提示している（図2-3）。

4　個人変容を通して、社会変容を促す評価活動

　本協働取組事業の開始時では、各地方における中間支援組織により、採択団体に対する説明会が実施された。本説明会では、本事業は、各協働取組における活動結果・成果だけが求められているだけでなく、各協働取組を支える協働ガバナンス（参加の誘発、運営制度の設計、協働のプロセス、中間支

援機能）の構築の重要性が指摘された。この説明会の実施により、各協働取組を活動結果・成果だけで評価がなされないこと、協働取組を支える協働ガバナンスの重要性が採択団体により認識されたことは、大きな意味があったと言える。本協働取組事業に関わる主体が、その実施プロセスを意識し、協働のしくみを構築することと共に学び合うことの重要性を、本協働取組事業の開始段階で認識することは、社会変容を目指す協働へのかかわり方、評価活動のあり方を大きく変えたと言えよう。

5　社会変容を通して、個人変容を促す評価活動

本協働取組事業の事業終了時における全体会合（協働ギャザリング）では、社会変容に向けた各協働取組を通して得られた知見を共有しつつ、本事業に関わる多くの主体からの意見に基づき、各協働取組で評価に値する活動を参加者自らが意味づけ、また、今後の取組改善にむけた提案を行うことを実施した（**写真2-1；写真2-2**）。本事業に採択されたすべての協働取組を、相互に評価（合同評価）をし合うだけでなく、その活動の改善を提案し合うプロセスは、社会変容にむけた協働取組を相互に意味づけ、その活動結果・成果を評価するだけではなく、個人変容にむけて、自身のかかわり方、取り組むべきアプローチ、今後の各協働取組の拡充にむけた視座・視点を獲得する上

写真2-1　事業終了時の全体会合
（協働ギャザリング）における
合同評価の作業風景
2015年2月7日
2014年度環境省・協働取組事業

写真2-2　事業終了時の全体会合
（協働ギャザリング）における
合同評価の作業風景
2017年2月18日
2016年度環境省・協働取組事業

での重要な学びの機会となる。

　これらの取組は、米原（2016）が指摘する評価の捉え方の転換（**表2-1**）で指摘されている、協働と学びのプロセスに配慮をした「形成的・協働的な評価」、個々の協働取組の改善を目的とした「個々の改善のための絶対評価」、そして、関わる主体が今後の協働取組に前向きに取り組み、自身もその経験の中で変容をしていく「包括的・プログラム型評価」としての有効性を読み取ることができる。

6　実践と理論の反復による知見の蓄積と共有

　本協働取組事業の実施中後には、全国の中間支援組織（環境省・地方事務所、地方EPO、アドバイザリー委員含む）との検討会合を継続開催し、協働取組の進捗を共有しつつ、各協働取組の改善と学びの構築にむけた知見の蓄積と共有を、実践的側面と理論的側面から蓄積を行っている（**写真2-3**；**写真2-4**）。具体的には、（1）基礎研究編、（2）実践事例共有編、（3）事業検討編、として議題設定がなされ、［（1）基礎研究編］では、理論的研究、学術的研究の事例紹介と議論、［（2）実践事例共有編］では、本協働取組事業における各協働取組事例の紹介、支援事務局の中間支援機能について議論が深められた。［（3）事業検討編］では、本協働取組事業全体の運営、事業進捗報告、調整、知見共有、がなされた。

　本協働取組事業の特徴は、公募により獲得した予算に基づく、従来の受託型、請負型の事業実施ではなく、連携パートナーとしての地方自治体との協働、中間支援組織として介在する環境省・地方事務所、地方EPOとの協働、実践と理論の反復による協働プロセスの強化と社会的学習プロセスの強化にあると言える。多様な主体が関わる協働取組だからこそ、その協働のしくみとしての協働ガバナンスと、能力開発としての社会的学習プロセスの連動性が重要であるといえよう。本協働取組事業では、実施中・終了時において、（1）協働の実施主体や中間支援組織を対象としたガイドブック[(26)]、（2）自治体を対象にした政策協働に関するガイドブック[(27)]、（3）学術的な研究成果と

写真2-3　全国の中間支援組織による
中間支援機能、価値の可視化に関する協議
風景
第2回検討会（2015年11月12日）
2015年度環境省・協働取組事業

写真2-4　全国の中間支援組織による
中間支援機能、価値の可視化に関する協議
風景
第3回検討会（2018年2月16日）
2017年度環境省・協働取組事業

しての書籍（佐藤・島岡、2020）などが発表されている。この知見蓄積の背景には、採択団体どうしの成果共有と学び合いの場づくり（年度末事業報告会の実施）、本事業に関わる中間支援組織による中間支援機能に関する継続的議論、関わる研究者間における学術的な議論がある。このように、実践と理論の反復による知見の蓄積と共有は、米原（2016）の指摘するESDにおける評価の捉え方の転換（**表2-1**）を促すことに資するものであり、その重要性を窺うことができる。本協働取組事業の知見は、その後の関連事業にも活用されていることを踏まえると、事業評価のあり方を提示することは、政策評価のあり方を転換させることにも貢献する可能性を持っていると言えよう。

　このような、協働と学びをつなげた評価活動は、近年の企業における評価活動にも見られる。順応的協働ガバナンスと社会的学習の連動モデル（**図2-3**）を共に提示した、広石氏のコラムを以下に掲載する。

BOX　SDGsに求められる "変革を起こす評価"

株式会社エンパブリック代表
ソーシャルプロジェクト・プロデューサー　広石拓司

　近年、SDGsが広がると共に、企業や自治体の担当者から「SDGsは何をしな

いといけないのですか？」という質問を受けるようになった。質問をする人たち
は、SDGsを「しなければいけないこと」と考え、正しい進め方を知りたいと考
えている。

　ここで考える必要があるのは、「しなければならない」に２種類あることだ。
一つは、外部から与えられた義務として外部から求められている「しなければな
らない」。もう一つは、自分が現状や未来を見て、自分の中から内発的に生じて
くる「しなければらない」だ。

　SDGsを「国連が決めたことが各国や自治体、企業に下ろされ、しないといけ
ないこと」と捉えている人も少なからずいる。しかし、2015年に国連で採択さ
れ　た　文　書「Transforming our world: the 2030：Agenda for Sustainable
Development」に書かれているのは、これまでの経済社会のままでは貧困が拡大
し、地球の限界を超えると考え、私たちは貧困をなくす最初の世代となり、同時
に地球を救える最後の世代として、持続可能な世界へと世界を変革することを強
く誓う（pledge）というものだ。それゆえ、SDGsはフォローアップおよびレ
ビュープロセスとして各国のVoluntary National Reviews（VNR）、つまり各国の
自主的な目標設定とその進捗状況を共有するプロセスを重視している。国連で定
めたのはVNRだが、そこから自治体レベルでも、この枠組みを応用し、自治体単
位での自発的レビュー（Voluntary Local Review）の動きも広がっている＊１。

　このVoluntary Reviewsという考え方は、持続可能な世界に向けての変革の重
要な鍵だと私は考えている。多様性や複雑性が大きくなる世界において、一つの
枠組み、同じ仕組みに収めることは現実的とは言えない。どのような枠組みがい
いかの議論で数年が過ぎ、状況は悪化するだろう。大切なことは、それぞれが自
分なりに動き出すことだ。「現状のままでは持続できない」という問題意識と「持
続可能な姿へ変革する」という大きな絵を分かち合いながらも、国によって状況
も事情も大きく異なる。それゆえ全体で決めた枠組みではなく、自分達の文脈の
上で成し遂げることを考え、それを自発的にセルフ・マネジメントする。それを
主体間でコミュニケーションしながら協調することで、全体としての成果を高め
る。

　そこで問われるのは自らの自己認識であり、現状を検証する批判的思考であり、
何を重視するのか規範性である。そして、内外への説明責任も含めた対内的・対
外的なコミュニケーションの力を信じることでもあるだろう。

　ただし、この前提にあるのは、世界の状況を視野に入れ、そこにおける役割と
責任を自覚し、自分にできることに主体的に取り組む“地球市民”であることだ。
そんなことが可能なのか、フリーライダーばかりになってしまうのではないか、
そういう懸念もあるだろう。

　そんな懸念に対して私は、ビジネス界においてサステナビリティ・リーダーと
して尊敬されている会社のことを伝えている。

　一つはタイル・カーペット企業のインタフェイス。創業者であるレイ・アン
ダーソンは、90 年代初頭にある顧客から「あなたの会社は環境のために何をし

ているのですか?」と尋ねられ、環境問題を考え始めた。すると石油を大量に使う素材からできる商品を販売し、それがゴミとして廃棄されている現状を知り、誇りある仕事をしてきた自分が"資源の略奪者"であることに気付かされたという。そこで多様な専門知識を含むチームを結成し、1994年に、2020年までに環境への負荷をゼロにする「ミッション・ゼロ」という目標を掲げた。その目標は当時、夢物語とすら扱われないほど非現実的だと思われていたが、やがてインタフェイス社の地道な蓄積が世界のビジネス界に影響を与え、サステナビリティ領域のリーダー的存在になっていく。その上で、リサイクル繊維への移行、廃棄物ゼロ、再生可能エネルギー導入などにより、2019年に「ミッション・ゼロ」は達成された。

また、生活用品の世界大手企業ユニリーバは、2010年から2020年の目標として「サステナビリティを暮らしの当たり前にし、売上を2倍にする」を掲げ、サステナブル・リビング・プランを設定した。①衛生商品によって10億人の健康を守る、②環境負荷を半減させる、③サプライチェーン上の働き手も含めた数百万人の経済発展を支援する、という3本柱からなり、それを具体的項目に落とし込んで取組み、こちらも目標年に目標を達成している。

この両者の取り組みからわかることは、外部からの要求ではなく、自分自身で現状と将来を分析し、ありたい姿を明確にし、その実現に必要なことを具体化し、その実行に必要な指標も明確にし、取り組んできたことだ。それと同時に、目標を宣言し、情報や進捗情報も開示し、非現実的と言われる一方で強い賛同者、協力者を生み出し、コミュニケーションとセルフ・マネジメントによって変革を実現してきたことだ。

このビジネス界の動きは、正しい指標、正しい評価よりも、多様な人々とコミュニケーションしながら変化を起こしていくための自発的な指標、評価が、SDGsの達成には不可欠だと教えてくれているのではないだろうか。

* 1 IGES : Online Voluntary Local Review（VLR）Lab https://www.iges.or.jp/en/projects/vlr

7 協働の促進要因・阻害要因～求められる中間支援機能

さらに、本協働取組事業の知見として、協働の促進要因と阻害要因について論点が提示されている（**表2-3**）。とりわけ、これらの協働の場を機能させ、協働と学びをつなげる評価を行うには、最後に指摘がなされている中間支援機能の役割の認識と、その役割を果たす能力開発（個人、組織）が重要である。"社会変容と個人変容の連動性"を高め、協働と学びをつなぐ評価活動

をするためにも、この協働と学びに資する中間支援機能の重要性が読み取れる。

表2-3：協働取組事業を通した協働の促進・阻害要因（抜粋）
（中間支援機能評価ワークショップに基づく）

- 開始時のステークホルダー間の関係は協働の成否に重大な影響を与える
- ステークホルダー間のさまざまなギャップは協働の成否に重大な影響を与える
- 境界連結者（boundary spanner）の存在の重要性
- 行政の関与の度合いが協働に与える影響は大きい [28]
- 運営制度の設計が協働に与える影響は大きい
- 協働のプロセスにおける直接対話，共通の理解，中間成果の重要性
- 協働の評価指標設定の重要性
- 協働の目標と戦略のステークホルダー間の共有の重要性
- 中間支援機能の役割を果たす能力開発の必要性

出典：佐藤・島岡（2020）

第5節 協働と学びをつなげ、評価活動を支える中間支援機能

本協働取組事業の実施中は、環境省・地方事務所、地方EPOにより協働取組の効果的実施にむけた中間支援活動がなされていた。本節では、協働ガバナンスにおける４つのチェンジ・エージェント機能（変革促進、プロセス支援、資源連結、問題解決策の提示）（佐藤・島岡、2014；佐藤・広石、2018：**図2-3**）に基づき、評価活動を支える中間支援機能の意味を考察することとしたい。さらに、本協働取組事業を通して得られた中間支援機能の強化に関する指摘（**表2-4**）に基づき、中間支援機能の強化策を評価活動の文脈から掘り下げることとしたい。

1 評価活動を支える4つの中間支援機能

(1) 評価活動における変革促進機能

　協働と学びに介入する中間支援組織は、評価活動において、「変革促進機能」が求められる。持続可能性における評価を行うにあたり、評価そのものの捉え方の転換（**表2-1**）を提示することが必要とされている。とりわけ、事業開始段階において、評価そのものの捉え方を関係主体と共有し、協働と学びをつなげ、社会変容と個人変容を高めることの重要性についての認識を高めることが不可欠であると言えよう。中間支援組織は、評価そのものの捉え方の転換を提示する "リーダー" としての役割が期待されている。

(2) 評価活動におけるプロセス支援機能

　協働と学びに介入する中間支援組織は、評価活動において、「プロセス支援機能」が求められる。持続可能性における評価を行うにあたり、協働プロセスと学習プロセスに重視した評価の取組が不可欠である。中間支援組織は、評価を固定的、外部者によるものと位置づけるのではなく、状況的な文脈の中で、プロセスに配慮をし、関わる主体がその協働と学びによって（新たな）価値を引き出し、社会と個人の変容を促す "ファシリテーター" としての役割が期待されている。

(3) 評価活動における資源連結機能

　協働と学びに介入する中間支援組織は、評価において、「資源連結機能」が求められる。持続可能性における評価を行うにあたり、従来の個別的・独立型の評価ではなく、多様な評価目的と評価対象を関連づけた包括的・プログラム型の評価が求められる。多様な資源や機会をつなげ、異なる評価活動を連動させることが不可欠であると言えよう。中間支援組織は、異なる評価活動をつなぎ、包括的なプログラム評価を促す "コーディネーター" としての役割が期待されている。

（４）評価活動における問題解決策の提示機能

　協働と学びに介入する中間支援組織は、評価において、「問題解決策の提示機能」が求められる。持続可能性における評価を行うにあたり、評価活動の多義性を認識し、異なる評価活動を通して得られた知見を通して、社会変容と個人変容を促すことが期待される。中間支援組織は、統合的な問題の解決にむけて、その問題解決に向けた糸口や、具体的解決策を提示する“コンサルタント”としての役割が期待されている。

2　評価活動における中間支援機能の強化に向けて

　佐藤・島岡（2020）は、本協働取組事業を通して、協働における中間支援機能強化にむけた論点を、協働ガバナンスモデル（**図2-3**）に基づいて提示している（**表2-4**）。ここでは、評価活動に貢献する中間支援機能の強化策について掘り下げることとしたい。

表2-4：協働における中間支援機能の強化にむけて（抜粋）

- 開始時の状況におけるステークホルダー間のギャップ分析手法と対応手法の開発
- 境界連結者[29]が機能を発揮する運営制度の設計
- 協働の評価指標の設定手法の開発
- 中間支援組織のスタッフの情報・ネットワーク・能力開発
- 行政との連携強化
- 協働を促進する論点を統合するマネジメント理論の開発

出典：佐藤・島岡（2020）

（１）開始時の状況におけるステークホルダー間のギャップ分析手法と対応
　　手法の開発

　中間支援機能を果たす場合には、関係者間の過去の歴史、信頼関係、そして組織間の文化、考え方、地域における状況、体力、知識などのギャップを

入念に調査し、分析することが求められる。さらに，これらを踏まえたうえ
で、いかにこれらの様々なギャップを乗り越えるかについての技術的な支援
の提供が求められている。協働と学びの連動性を高める評価活動を行うため
には、関係主体間の関係性の構築が不可欠である。事業開始時における関係
主体、ステークホルダーの有する特性を理解し、様々なギャップを乗り越え、
相互を活かしあうための手法を検討することが必要であろう。

（2）境界連結者が機能を発揮する運営制度の設計

　中間支援組織は、協働を進めるにあたって関与する組織内に適切な境界連
結者を発見し、その境界連結者と信頼関係を構築することが求められる。関
わる組織の内部対立を避け、ともに評価活動を共に考え、遂行するには、複
数の多様な境界連結者を巻き込んだ、評価活動のしくみが求められる。多様
な主体が関わる評価活動は、評価活動を進める上で、効率性を下げる可能性
があるが、その一方で、多角的に評価活動を捉え、異なる評価目的に対応し
た統合的な評価活動に貢献する可能性を有していると言えるだろう。

（3）協働の評価指標の設定手法の開発

　協働の目的やゴールは多様であるため，一律の評価指標の設定は困難であ
る。そこでは多様なステークホルダーが対話を通じて合意する、ある種「主
観的」な評価手法の設定が考えられる。持続可能性における評価を行うにあ
たり、「主観性」「絶対的評価」は、個々の改善のために関わる主体間の対話
を深め、文脈とプロセス、包括性に配慮をした協働と学びの連動性を促し、
関わる主体のオーナーシップを高めることに貢献するだろう。

（4）中間支援組織のスタッフの情報・ネットワーク・能力開発

　中間支援組織においては、情報とネットワークが属人化してしまい、組織
全体の中間支援人材の育成が困難である点が指摘されている。評価に関わる
中間支援人材の様々な知見を属人化させず、組織全体でその知見を活かして

いくためにも、協働と学びに関する知見の蓄積と共有、評価活動に関する記録と明文化、その活用方策を検討していくことが期待される。

（5）行政との連携強化

　行政の有する政策課題と地域課題との整合性を高めることは、社会課題の解決に効果的なインパクトをもたらす。New Public Management（NPM、新公共管理）からポストNPMに移行しつつある現在，行政は住民との新たな関係を模索途上である。そのため、協働に対する意識は自治体によって大きな差があることが想定される。社会課題の解決にむけた協働を進める際、行政とそれ以外のステークホルダーが、協働に関する認識を共有する必要がある。さらには、協働を通しながら学び合う（社会的学習）ことの重要性を認識し、形成的、協働的、文脈的、包括的側面に配慮をした持続可能性における評価に関する認識を高めることが求められる。

（6）協働を促進する論点を統合するマネジメント理論の開発

　これまで述べてきた協働を促進する論点は、外部環境から協働の場、そして中間支援組織内までの広い範囲に分散し、さらに論点間の関連性は明らかではない。本来は重要であるが可視化されていない論点も存在する可能性もある。そこでこれらの要素間の関連性を明らかにし、統合する何等かの理論的枠組が必要と考えられる。さらには、協働と学びをつなげる評価に関する統合的な理論枠組の構築が期待されていると言えよう。

第6節　おわりに：“社会変容と個人変容の連動性”を高める評価の営みの拡充にむけて

　本章では、「持続可能性における評価：協働と学びをつなげる評価のしくみ」と題して、本書で取り扱われている評価の議論を、“社会変容と個人変容の連動性”を高める営みとして捉えた。

　「国連・ESDの10年」の知見である "個人変容と社会変容の連動性" を高め、「ESD for 2030」で求められている「変容を促すアクション」として「構造的変容」が求められている今日、協働と学びによって（新たな）価値を引き出し、SDGs時代に求められる変容を促す営みが重要である。今後、評価活動において、協働と学びの連動性を高めることが、2つの変容（社会と個人）を促す上で重要な意味をもつ。そのためにも、中間支援組織が評価活動に果たす役割、評価活動を支える中間支援機能とその強化策についても、継続的に検討していくことが期待されている。

注

（1）本稿は、［佐藤真久（2016a）「「持続可能性キー・コンピテンシー」の先行研究・分類化研究に基づく「能力開発論」の考察」、『ESDの教育効果（評価）に関する調査研究』、報告書、平成27年度文部科学省「日本／ユネスコパートナーシップ事業」、岡山大学、14-23ページ］［佐藤（2016b）「「協働ガバナンス」と「社会的学習」に関する理論的考察」、『ESDの教育効果（評価）に関する調査研究』、報告書、平成27年度文部科学省「日本／ユネスコパートナーシップ事業」、岡山大学、24-30ページ］、［佐藤・島岡（2020）『協働ガバナンスと中間支援機能──環境保全活動を中心に』、筑波書房］に基づいて作成されている。

（2）正式名称は、「環境省・地域活性化を担う環境保全活動の協働取組推進事業」である。

（3）正式名称は、「環境省・地域活性化に向けた協働取組の加速化事業」である。

（4）環境省・協働取組事業を通した、協働ガバナンスと中間支援機能に関する理論研究、事例研究、事業成果の詳細については、佐藤・島岡（2020）によりまとめられ、考察がなされている。

（5）「国連・ESDの10年」とその後に続く国際プログラム（GAP、ESD for 2030）では、5つの優先領域（政策、機関包括型アプローチ、教育者、ユース、コミュニティ）が一貫して提示されている。

（6）「国連・ESDの10年」については、佐藤（2016c；2020）により、歴史的背景、国連プログラムの概要、国連10年を通した知見について学術的に整理がなされている。

（7）「国連・ESDの10年」国際実施計画（IIS）の内容、策定背景、7つの戦略については、佐藤・阿部（2007）、佐藤・阿部（2008）に詳しい。

（8）「国連・ESDの10年」の中間年会合における「ボン宣言」や「21世紀のESD」、「国連・ESDの10年」国際実施計画との比較考察については、佐藤（2011）を参

照されたい。

（9）UNESCOは、2021年Reimagining our futures together: a new social contract for educationを発表し、VUCA社会における教育の役割と学びのあり方について、その可能性と展望について指摘している。

（10）https://en.unesco.org/news/unesco-declares-environmental-education-must-be-core-curriculum-component-2025

（11）筆者は、「国連・ESDの10年」のアジア太平洋地域・国連組織間諮問委員会テクニカルオフィサーとして、当該地域のESD関連のプログラムの企画・運営・実施に関わってきた。さらに、アジア太平洋地域ESD Indicator Project（主催：UNESCO、IUCN）ガイドライン・レビュー委員（2006-2008年）、アジア太平洋地域ESDコーディネーションガイド（Astrolabe、主催：UNESCO）検討委員（2009-2011年）として、当該地域における政策評価に関する国際プロジェクトに関わっている。「国連・ESDの10年」における政策評価の枠組については、［佐藤真久・中山修一（2008）「ヨーロッパ地域とアジア太平洋地域のDESD国別指標開発地域プロジェクトに関する比較」、『環境教育』、日本環境教育学会、17（5）、3-14ページ］に詳しい。本稿では、政策評価を主として取り扱うものではないので考察を避けるが、政策評価の枠組においても、とりわけ、多様性を有するアジア太平洋地域においては、現況指標群や効果指標群（活動結果、成果、社会的インパクト含む）のみならず、各国の社会背景や文脈、プロセス、学習的側面なども配慮をした促進指標群（facilitative indicators）が開発されている。「国連・ESDの10年」における政策評価の議論は、形成的、文脈的、包括的な側面を有しており、従来の政策評価とは異なる地平を提示していると言えよう。

（12）ESDの学校教育における学習評価については、取組事例として、［佐藤真久・岡本弥彦・五島政一（2010）「英国のサステイナブル・スクールの展開と日本における教育実践への示唆―サステイナブル・スクール実践校における学力追跡調査と政策研究に基づいて」、『環境教育』、日本環境教育学会、20（1）、48-57ページ］、［佐藤真久・岡本弥彦（2015）「国立教育政策研究所によるESD枠組の機能と役割―「持続可能性キー・コンピテンシー」の先行研究・分類化研究に基づいて」、『環境教育』、日本環境教育学会、25（1）、144-151ページ］などがある。参考にされたい。

（13）筆者は、本プロジェクトに研究分担者として参画し、岡山大学（2016）において、佐藤（2016a；2016b）の論考を提示している。

（14）佐藤・島岡（2014）の協働ガバナンス・モデルは、佐藤・広石（2018）の提示する順応的協働ガバナンスと社会的学習の連動モデル（**図2-3**）の基礎となっている。佐藤・広石（2018）のモデル（**図2-3**）は、佐藤・島岡（2014）の提示する協働ガバナンス・モデルを、他事例に基づく考察を踏まえ加筆・修

正し、協働プロセスを機能させる中心部分に社会的学習プロセスを配置したほか、アウトプット（活動結果）、アウトカム（成果）、社会的インパクトなどの評価用語を統一した点に違いがある。

(15) 佐藤・Didham（2016）は、環境管理と持続可能な開発のための協働ガバナンス・プロセスへの社会的学習理論（第三学派）の適用を考察している。

(16) 環境省・協働取組事業採択案件一覧（実施年度、採択団体、協働取組のプロジェクト名）については、佐藤・島岡（2020）を参照されたい。

(17) 詳細については、佐藤（2014；2015；2016d；2017；2018）を参照されたい。

(18) 人的資源の投入（人件費の割合・目的・内訳）、財政資源の投入（事業費の割合・目的・内訳）、資源の活用、協働実施体制、関連施策とのリンク、制度の活用、機会・しくみの共有、文化的基盤の活用、など

(19) 環境保全、コミュニティ・プロデュース、人材育成、ビジネス展開、政策協働、など

(20) 年度実施計画時との比較（内部条件・外部条件・資源投入・組織構成や機能・事業展開）

(21) 世代間、自治体、企業、社会教育施設、学校、福祉施設、NPO、大学生、専門家、商店街、など

(22) 企業、大人、学生、子ども、学校・教師、地域社会、公民館、自治体、など

(23) 知名度（プロジェクト・組織の知名度や評判、普及技術の知名度）、本プロジェクトの影響による大学等教育機関における教育的取組、（カリキュラム等）準備、本プロジェクトの影響による制度準備（振興政策、振興予算、他の事業への適用事例）、産業振興（労働人口・創業数・産業振興例・産業適用例）、横断的課題への影響（環境・文化・歴史）、など

(24) 対外の技術サービス活動（研修・セミナー・技術指導・出版やWEB配信による啓蒙普及、調査研究）、人材・組織・制度（組織の使命・目的の明確化、組織形態・人員配置・人員構成・職員モラル向上）、財務（予算、財務諸表に基づく収益性、流動性）、技術（運営・管理、技術開発）、共有のミッション、ブランド化、政策協働、制度活用、若者への権限移譲、協働体制、ビジネスモデルの構築、など

(25) 図2-3におけるチェンジ・エージェント機能に該当。

(26) 佐藤真久（2015）「最終報告書［協働ガバナンスの事例分析］と［社会的学習の理論的考察］に焦点を置いて」、『最終報告書』、平成26年度：環境省地域活性化に向けた協働取組の加速化事業

(26) GEOC（2016）『協働の現場―地域をつなげる環境課題からのアプローチ』（http://www.geoc.jp/content/files/japanese/2016/02/kyoudo_handbook 2015_4M.pdf）、GEOC（2017）『協働の設計―環境課題に立ち向かう場のデザイン』（http://www.geoc.jp/content/files/japanese/2017/02/kyoudo_hand

book2016.pdf)、GEOC（2018）『協働の仕組—環境課題と地域を見直す取組のプロデュース』（http://www.geoc.jp/content/files/japanese/2018/02/kyoudo_handbook2017.pdf）

(27)環境省地域活性化に向けた協働取組の加速化事業・成果とりまとめタスクフォース（2018）『環境保全からの政策協働ガイド—協働をすすめたい行政職員にむけて』（http://www.geoc.jp/content/files/japanese/2018/02/seisakukyoudo_ guide2017.pdf）

(28)日本の地方行政では、行政の契約制度（単年度事業、入札等）による制限、行政区分・行政方針に基づく活動範囲の制約、行政との契約関係における協働の対等性の難しさ、行政担当者の協働に関する理解・経験不足、行政からの資金（税金）で協働を行う際の契約と成果の設定が難しいこと、市民と行政で連携・協働の理解のギャップが大きいこと、行政のNPO等への信頼に時間を有すること、定期的人事異動の弊害、などがあげられる。詳細については、佐藤・島岡（2014）を参照されたい。

(29)佐藤・島岡（2020）は、境界連結者（boundary spanner）について、自身の所属する組織の外の人々との接触に責任を有し、組織間の関係構築において中心的な役割を果たすとし、（1）自身が所属する組織と相手組織間の相互の影響力を伝達する機能、（2）組織の認識、期待、およびアイデアを他方の組織に示す機能、の2つの機能を一般的に有すると述べている。なお、境界連結者に関する事例研究については、佐藤・島岡（2020）を参照されたい。

参考文献

Ansell, C., and A. Gash. (2008) Collaborative Governance in Theory and Practice, *Journal of Public Administration Research and Theory*, 18（4）, pp.543-571.

Didham, R. J. & Ofei-Manu, R., 2015, Social Learning for Sustainability: Advancing community-based inquiry and collaborative learning for sustainable lifestyles. /In/ V. W. Thoresen, R. J. Didham, J. Klein, & D. Doyle（Eds.）, / Responsible Living: Concepts, education and future perspectives /（pp.233-252）. Cham: Springer.

Emerson, K., T. Nabatchi, and S. Balogh. (2012) An Integrative Framework for Collaborative Governance, *Journal of Public Administration Research and Theory*, 22（1）, pp. 1-29.

Flood, R. L. 1999. Rethinking "The Fifth Discipline": Learning within the unknowable. London: Routledge.

Havelock, R. G., and S. Zlotolow. (1995) *The Change Agent's Guide*（2nd edition）, New Jersey: Education Technology Publications, Inc.

Pahl-Wostl, C., & Hare, M. 2004, Process of Social Learning in Integrated Resources Management. Journal of Community & Applied Social Psychology, 14, pp.193-206.

UNESCO (2005) *United Nations Decade of ESD (2005-14) International Implementation Scheme,* UNESCO, Paris, France.

UNESCO (2009) *Bonn Recommendation,* UNESCO World Conference on Education for Sustainable Development, 31st March- 2 April 2009, Bonn Germany

UNESCO (2011) Education for Sustainable Development: an Expert Review of Process and Learning, UNESCO, Paris, France.

UNESCO (2012) *Shaping the Education of Tomorrow,* 2012 Report on the UN Decade of Education for Sustainable Development, Abridged, UNESCO, Paris, France.

UNESCO (2014) Shaping the Future We Want, UN Decade of Education for Sustainable Development (2005-2014), Final Report, UNESCO, Paris, France

UNESCO (2020) Education for Sustainable Development, A Road Map, UNESCO, Paris, France

Wildemeersch, D. 2009. Social learning revisited: lesson learned from North and South. In A. E. J. Wal (Ed.), Social Learning: Towards a sustainable world (pp.99-116). Wageningen: Wageningen Academic Publisher

川田力 (2016)「ESD の教育効果（評価）に関する調査研究の成果と課題」、『ESD の教育効果（評価）に関する調査研究』、報告書、平成27年度文部科学省「日本／ユネスコパートナーシップ事業」、岡山大学、1-7ページ

佐藤真久 (2011)「ESD中間会合（ボン会合）の成果とこれから―ボン宣言の採択とDESD中間レビューに基づいて」、『持続可能な社会と地理教育実践』、（中山修一・和田文雄・湯浅清治 編著）、古今書院、252-260ページ

佐藤真久 (2014)『平成25年度環境省地域活性化を担う環境保全活動の協働取組推進事業―最終報告書』、一般社団法人環境パートナーシップ会議（EPC）

佐藤真久 (2015)『平成26年度環境省地域活性化に向けた協働取組の加速化事業―最終報告書』、一般社団法人環境パートナーシップ会議（EPC）

佐藤真久 (2016a)「「持続可能性キー・コンピテンシー」の先行研究・分類化研究に基づく「能力開発論」の考察」、『ESDの教育効果（評価）に関する調査研究』、報告書、平成27年度文部科学省「日本／ユネスコパートナーシップ事業」、岡山大学、14-23ページ

佐藤真久 (2016b)「「協働ガバナンス」と「社会的学習」に関する理論的考察」、『ESD の教育効果（評価）に関する調査研究』、報告書、平成27年度文部科学省「日本

／ユネスコパートナーシップ事業」、岡山大学、24-30ページ

佐藤真久（2016c）「国連ESDの10年（DESD）の振り返りとポスト2015における
ESDの位置づけ・今後の展望—文献研究と国際環境教育計画（IEEP）との比較、
ポスト2015に向けた教育論議に基づいて—」、『環境教育』、日本環境教育学会、
61（25-3），86-99ページ

佐藤真久（2016d）『平成27年度環境省地域活性化に向けた協働取組の加速化事業
—最終報告書』、一般社団法人環境パートナーシップ会議（EPC）

佐藤真久（2017）『平成28年度環境省地域活性化に向けた協働取組の加速化事業—
最終報告書』、一般社団法人環境パートナーシップ会議（EPC）

佐藤真久（2018）『平成29年度環境省地域活性化に向けた協働取組の加速化事業—
最終報告書』、一般社団法人環境パートナーシップ会議（EPC）

佐藤真久（2020）「"VUCA" 社会に適応した持続可能な社会づくりに求められる能
力観」、『SDGs時代のESDと社会的レジリエンス』（佐藤・北村・馬奈木編）、筑
波書房、23-42ページ

佐藤真久・阿部治（2007）「国連持続可能な開発のための教育の10年の国際実施計
画とその策定の背景」、『環境教育』、日本環境教育学会、17（2），78-86ページ

佐藤真久・阿部治（2008）「国連持続可能な開発のための教育の10年（2005 ～
2014年）国際実施計画（DESD-IIS）—DESDの目標と実施にむけた7つの戦略
に焦点をおいて」、『環境教育』、日本環境教育学会，17（3），60-68ページ

佐藤真久・Didham Robert（2016）「環境管理と持続可能な開発のための協働ガバ
ナンス・プロセスへの「社会的学習（第三学派）」の適用にむけた理論的考察」『共
生科学』，日本共生科学会，7，1-9ページ

佐藤真久・島岡未来子（2014）「協働における「中間支援機能」モデル構築にむけ
た理論的考察」『日本環境教育学会関東支部年報』，日本環境教育学会，8，1-6ペー
ジ

佐藤真久・島岡未来子（2020）『協働ガバナンスと中間支援機能—環境保全活動を
中心に』，筑波書房

佐藤真久・広石拓司（2018）『ソーシャルプロジェクトを成功に導く12ステップ』、
みくに出版

米原あき（2016）「「学び」の一環としての「評価」、協働型で行うプログラム評価
の可能性」、『ESDの教育効果（評価）に関する調査研究』、報告書、平成27年度
文部科学省「日本／ユネスコパートナーシップ事業」、岡山大学、52-61ページ

岡山大学（2016）『ESDの教育効果（評価）に関する調査研究』、報告書、平成27
年度文部科学省「日本／ユネスコパートナーシップ事業」、岡山大学

第3章

日本の対アフリカ協力事業の評価：協働パートナーシップの可能性

長尾 眞文

第1節　はじめに

　SDGsの最終17番目の目標として掲げられている「グローバル・パートナーシップ」は持続可能な開発に関する目標1から目標16の全目標の達成に向けて地球規模で協力しようとの呼びかけである。この呼びかけにはそれぞれの国・地域で政府機関、企業、民間団体、任意集団等の異なる主体が個々にあるいは相互に連携することはもちろん、異なる国や地域がSDGsの達成に向けて国際協力する意味も込められている。日本は国内的に度重なる自然災害、原発事故、温暖化、新型コロナの蔓延と持続可能な開発への多様な対応を迫られる一方で、対外的にグローバル・パートナーシップの推進への貢献として先進国間での協力、発展途上国への援助、さらには発展途上国間の南南協力の支援を幅広く行っている。筆者は長年アフリカを中心に国際協力事業の実施に携わり評価作業にも多く関与してきた。この経験に基づき本章ではアフリカ諸国とのパートナーシップに的を絞って、本書の主題である「SDGs時代の評価」について考えてみたい。

　SDGsの評価には大別すると国連のハイ・レベル政治フォーラムで各国政府が参加して行うグローバルなSDGs達成度の検討や各国内で主に政府機関がSDGsアジェンダの進捗状況把握のために実施する自発的国家レビューの

Key Word：グローバルパートナーシップ、協働、ガバナンス、アフリカ協力、
協働評価

ようなモニタリング目的の評価と政府、自治体、企業、大学、NGO等の多様な主体がSDGsの達成に向けて実施する個別事業の実施プロセスや成果を検証するプログラム評価の二つのタイプがある。本章で取り上げるのは後者で、日本のアフリカに対する協力事業案件の事例的検討を通して評価が実際にどのように行われるのか、そして評価の実施が事業の進展にどう影響し得るかについて明らかにすることを目指す。

　以下では、まず第2節で日本の対アフリカ協力の現状について概観するとともに日本とアフリカ諸国のパートナーシップに注目する理由について述べる。第3節では、国際的パートナーシップのガバナンスと評価を2軸とするマトリックス形式の分析フレームワークを提示する。第4節ではこの分析フレームワークの構成要素についてより詳しく説明するとともに、日本の対アフリカ協力における異なる評価アプローチの採用事例を紹介する。第5節では日本の対アフリカ協力の課題と協働パートナーシップの可能性について検討する。最後に第6節で本章の議論が今後の対アフリカ協力事業の展開に持つ意味合いについて述べる。

第2節　SDGs下のアフリカと日本の関係

　日本のアフリカに対する国際協力パートナーシップの現状把握を両者のプロフィールを見比べることから始めることにする。**表3-1**は日本とアフリカ（サハラ以南）の人口および経済の規模と特徴を対比させたもので、参考の対象として中国とインドの数値を加えてある。

　アフリカの人口は日本の人口の約10倍で、近い将来に中国、インドと肩を並べるとみられている。その最大の特徴は若者人口が多いことで、労働年齢人口に占める割合で見ると日本の21%、中国の25%、インドの39%に対して76%と圧倒的に高い。しかし出生時の平均余命は日本の84歳に比して62歳と極めて低い（中国とインドはそれぞれ77歳と70歳）。国民総所得で見る経済規模では、サハラ以南アフリカ全体でも日本の約1/3で、インドを下回って

表3-1　日本とアフリカ

	人口 2019 （100万人）	平均余命 2019 （歳）	若者人口 2020 （対労働年齢 人口　%）	国民所得（GNI） 2019	
				総所得 （10億ドル）	1人当たり （ドル）
日本	126	84	21	5,267	41,710
アフリカ （サハラ以南）	1,107	62	76	1,721	1,555
中国	1,398	77	25	14,555	10,410
インド	1,366	70	39	2,893	2,120
世界	7,674	73	39	88,792	11,571

出所：World Bank（2021）*World Development Indicators*
（http://wdi.worldbank.org/tables 2021年8月30日）

いる。サハラ以南アフリカには49の国があるから、個々の国の経済規模は日本よりもはるかに小さい。一人当たり国民所得では日本はアフリカの約25倍で、人口構造と同様に両者の対比は典型的な先進国と発展途上国の様相を呈している。

　日本とアフリカの関係は密接というには程遠い。例えば2020年の貿易関係を見ると、日本にとってサハラ以南アフリカは総輸出額の1.2%、総輸入額の1.3%を占めるに過ぎず、サハラ以南アフリカにとっても日本は総輸出額の2.7%、総輸入額の1.7%でしかない。日本の海外直接投資（資産）についても2020年度末の残高ベースでアフリカは0.2%でしかない。政府開発援助を見ると、2019年にアフリカは日本のODA総額の10.4%を占めたが、それはサハラ以南アフリカが世界から受け取ったODAの5.4%に過ぎなかった。日本の国際協力パートナーシップの課題を検討するのに、常識的には、地理的、歴史的、文化的、経済的、外交的等全ての面で密接な関係にあり、協力実績もはるかに多いアジアを選ぶのが妥当であろう。敢えて上で見たように大きな違いがあり、しかも「より縁遠い」アフリカを対象地域として選ぶのにはそれなりの根拠が必要である。ここでは3つの理由を挙げておきたい。

　第1はアフリカの貧困・低開発が地球規模の持続可能性にとって最重要課題のひとつとの認識が国際社会に定着していることである（Kates &

Dasgupta 2007; Sachs 2015）。20世紀終盤の20〜30年にアジアを中心に発展途上国が目覚ましい経済成長を遂げる中で、アフリカ（特にサハラ以南アフリカ）の多くの国々は開発競争に乗り遅れた。新ミレニアム当初の世界人口の2割を占める貧困層のほとんどがアフリカ諸国に住む状態で（Collier 2007）、国連が定めた「後発開発途上国（Least Developed Countries）」リストでもアフリカが約7割を占めていた[1]。その事情を象徴するかのように、2000年5月の英国の代表的経済誌 *The Economist* の表紙に載ったのは「絶望的なアフリカ（Hopeless Africa）」と題するアフリカ特集の見出しであった。メディアだけでなくアフリカ研究者の間でもアフリカ出身者も含めて「アフリカ・ペシミズム」が論じられた（川端 2000）。2000年9月にニューヨークで開催された国連ミレニアム・サミットで合意された「ミレニアム宣言」では、特別に章を設けて「アフリカの特別なニーズに対応」する必要を強調した（United Nations 2000）。このアフリカに対する特別配慮はSDGsにも引き継がれていて、SDGsに関する国連総会の決議（United Nations 2015）でも随所で発展途上国に対する言及の後に「特にアフリカの国々」の文言が付け加えられている。要するに貧困の罠にはまったアフリカの状況はSDGs時代の最重要懸案事項なのである。

　第1の理由がアフリカ悲観論であるのに対して、第2の理由は楽観論である。その主な根拠は**表3-2**に明らかなように2000年以降アフリカの経済成長が加速化したことである[2]。サハラ以南アフリカの2000年−2019年のGDPの年平均成長率は4.6％で1990年−2000年の2.2％の倍以上であった。中国、インドの高成長には劣るが、日本はもちろん世界の成長ペースを上回っていた[3]。このアフリカの成長の加速化は世界的なエネルギー・鉱物資源価格の高騰を背景として外国から巨額の資源投資がアフリカの資源保有国に流入し、資源輸出と消費財輸入の拡大の形で経済循環を刺激したことによるとされている（平野 2017）[4]。さらに注目に値するのは同期間の農業生産の成長率が4.5％で、中国やインドをも上回っていたことである[5]。2015年9月の国連総会による2030アジェンダ（特にSDG目標9「産業と技術革新の基盤

表 3-2　アフリカの経済成長：日本、中国、インドとの比較

	GDP（年平均成長率　%）		農業生産		工業生産		温室効果ガス排出量*	
	1990-2000	2000-2019	年平均成長率 2000-2019	GDPシェア（%）2019	年平均成長率 2000-2019	GDPシェア（%）2019	総量（100万トン）2012	変化率（%）1990-2012
日本	1.2	0.7	-1.7	1	0.5	29	1,479	13
アフリカ（サハラ以南）	2.2	4.6	4.5	14	3.0	27	4,601	36
中国	10.6	9.4	4.1	7	9.9	39	12,455	220
インド	6.0	6.8	3.3	16	6.9	25	3,003	116
世界	2.8	2.8	2.8	3	2.8	26	53,526	40

*二酸化炭素換算

出所：World Bank（2021）World Development Indicators (http://wdi.worldbank.org/tables 2021 年 8 月 30 日

をつくろう」）の採択はアフリカの成長気運を刺激し、多くの国が意図的な工業化を優先政策課題に掲げ始めた（African Development Bank et al. 2017）。またアフリカ連合は2015年にアフリカ各国政府の超長期戦略に関する総意として持続可能な工業化の推進を中核に据える「アジェンダ2063」を打ち出した（African Union Commission 2015）。SDGs下でアフリカ諸国が実際に持続可能な成長軌道に乗ることができるのかは楽観論者だけでなく悲観論者にとっても重大関心事である。

　日本の国際協力パートナーシップの考察の対象としてアフリカを選ぶ第 3 の理由は、日本側のアフリカの開発に対する関心の拡大である。1990年代初めに欧米諸国は南アフリカの人種差別の撤廃、発展途上国への援助疲れ、旧ソ連・東欧圏の再構築の課題等が重なりアフリカへの関心が相対的に低下した。同時期に世界最大の援助供与国になった日本は1993年にアフリカの安定と発展に貢献することを目的として国連、世界銀行を巻きこむ形で「アフリカ開発会議」（TICAD）を創設した。アフリカ各国の首脳が出席するこの会議は、2013年まで 5 年周期で日本で、それ以降は 3 年周期でアフリカと日本と交互に主催地を替えながら開催され、その都度アフリカの開発課題が議論され、その解決のために日本を含む先進援助国による支援のプレッジを含む

行動計画が合意されてきた⁽⁶⁾。この日本による新アフリカ支援イニシアチ
ブが契機となって、2000年には中国が3年周期の「中国——アフリカ協力フ
ォーラム（FOCAC）」を、2006年には韓国が3年周期の「韓国——アフリ
カフォーラム（KAF）」を、2008年にはインドがやはり3年周期で「インド
——アフリカフォーラム・サミット（IAFS）」を創設している。このアジア
諸国によるアフリカ支援競争は裏を返せばアフリカの豊富な天然資源と将来
的な自国製品の輸出市場の獲得競争である。重要なのはこのような一連の会
議を通してアフリカ諸国の側でも単に援助、貿易機会、資源投資の拡大に期
待するだけでなく、アジアの経済社会開発、特に工業化の経験に関心を示し
始めたことである。それは例えばアフリカの豊富な若年労働者の存在がアジ
アで起こったように「人口ボーナス」の形で製造業の成長を支える可能性が
あるのか（Newman et al. 2016）、東アジアの工業化戦略・政策の内容と実
施方法がアフリカにも適用できるのか（Khan 2011; Ohno & Ohno 2011）、
さらには表3-2で示した日本、中国、インドの温室効果ガス排出量の水準が
アフリカの工業化にとって何を意味するかといった政策的関心である。この
ようにアジアとアフリカの国々が双方向で経済的に切磋琢磨し、開発政策に
関する経験と知見の交換をする文脈で日本の対アフリカ協力パートナーシッ
プの新しい展開を考えることは極めて重要である（高橋 2017）。

第3節 国際協力パートナーシップのガバナンスと評価：分析フレー
ムワークの提案

「グローバル・パートナーシップ」の概念はSDGsに先行したMDGs（ミレ
ニアム開発目標）で最終8番目の目標として掲げられていた。しかしMDGs
の諸目標が総じて発展途上国の飢餓・貧困・悪環境からの脱却や経済社会的
浮揚を目指すものであったことから、パートナーシップの呼びかけは主とし
て先進工業国の支援を喚起する内容で、強いてそれをガバナンスの観点から
性格づけるなら南北間の「援助型」であった。SDGsアジェンダ下でも「誰

一人取り残さない」の副題の通り主に後発途上国・地域で「援助型」パートナーシップ事業が多数実施されている。しかし、目標17でSDGs推進のための責任は基本的に各国政府にあることが明記されていることから、発展途上国を含む国際的なパートナーシップも各国が主体的に参加する「協働型」での実施が始まっている。気候変動（SDG目標13）や生物多様性（目標15）に関わる国際政府間交渉はその先行例である。地域レベルで実施される南南協力も「協働型」の流れを汲むものである。

　パートナーシップの援助型と協働型の違いは、事業実施のガバナンスの違いとなって顕在化する。援助型パートナーシップの場合には、援助する側（持てる者）と援助される側（持たざる者）との関係が非対称で、パートナーシップのガバナンスは通常の場合援助する側の意向をより強く反映する形で定まる（佐藤 2005）。非対称性は事業資金拠出の有無や多寡といった条件だけでなく、事業の背景にある歴史的、地理的、文化的事情にも起因する。この非対称性は援助する側とされる側の評価関心の相違となって現れる。そこから生まれる評価の非対称性は次のように整理される（長尾 2001, p. 90）。

援助国側の評価目的	被援助国側の関心	
アカウンタビリティーの確保、援助の理解・認知の促進	無	
事業の効果、効率の改善による援助の質的向上	有	（条件付）
被援助国とのコミュニケーション・ツール	有	（条件付）
被援助国事業主体の事業管理能力の強化	有	

　それに対して協働型パートナーシップの概念化では参加主体が少なくとも理論的には対等の関係にあると考えられる。協働ガバナンスの文献を見ると対称性に関わる条件について「システム状況」（Emerson et al 2011）や「初期条件」（Ansell and Gash 2008; 佐藤・島岡 2020）として文脈設定しているが、主たる分析関心は事業に関わる主体間の連携の形やリーダーシップ等事業実施の機能的要件に焦点化しているようである。発展途上国が主体的に

参加する国際的な協働型事業のガバナンスが開発の現場でどのような形で実現するかについては、未だ実践事例が限られていることもあって十分に研究されていない[7]。ガバナンスの機能的要件に加えて歴史的、文化的、国際関係的条件も考慮する必要があることは容易に想像できる。さらに事業ガバナンスにその成否を問う評価まで含めて考えると、「何をよしとするか」、「どこまでを十分とするか」といった判断の根底にある価値観も検討する必要があろう。

　本節では事業のガバナンスと評価の関係の視点から日本の対アフリカ協力について考察するが、そのための分析フレームワークとして表3-3で示す事業のガバナンス・評価マトリックスを提案したい。事業のガバナンスの縦軸は前掲の議論の通り事業を援助型と協働型に分ける。ガバナンス軸は評価の実施で最も重要な評価システムのありようを示し、「何の目的で」、「誰が」評価を行うかを特定する。事業の評価軸はより技術的な評価作業の方法の選択を示し、結果の活用も含めて「いかに」評価するかを特定する。プログラム評価には20を超えるアプローチがあるとされる（Stufflebeam 2002）。そのほとんどは標準化されている。本章では協働型事業の実施が拡大する中で近年評価者の関心を集めるようになった協働的評価アプローチを取り出し、標準的アプローチと対比する形で事業評価軸を構成する。

表3-3　国際協力事業のガバナンスと評価の分析フレームワーク

		事業評価	
		標準的アプローチ	協働的アプローチ
事業ガバナンス	援助型	援助国主導による通常の援助評価 （例：JICA 終了時評価）	事業取組のサステイナビリティを重視する援助国が被援助側と合同で実施する参加型援助評価 （Box 1 事例）
	協働型	対等な国際パートナーが外部の評価者に委託して実施する事業評価 （Box 2 事例）	対等な国際パートナーが合同で実施する漸進的、発展的な評価 （Box 3 事例）

出所：筆者作成

　協働的評価アプローチ（協働評価）は参加型評価の一類型で、その特徴は

評価者と評価対象事業のステイクホルダーが評価の設計、実施、結果の活用
の全ての局面で緊密に連携協力することにある[8]。その主な特徴は対象と
なる事業の進行に合わせて評価作業を計画・実行し、得られた結果を事業に
フィードバックして管理・運営に役立てる評価サイクルを連続的・継続的に
行うことで、それによりステイクホルダーが事業の置かれた状況をよりよく
理解すると同時に事業における評価の役割の戦略的価値を認識することにあ
るという（Rodriguez-Campos 2012）。

　表3-3の事業のガバナンス・評価マトリックスによると、援助型と協働型
の事業のそれぞれについて標準的アプローチによる評価と協働的アプローチ
による評価が応用可能となる。以下では援助型、協働型のガバナンスの順で
マトリックスの象限ごとに日本の対アフリカ協力の現場で評価がどのような
役割を果たしているかについて具体的な事例に照らして考察することにする。

第4節　日本の対アフリカ協力事業のガバナンスと評価

1　援助型パートナーシップの標準的アプローチによる評価

　伝統的に発展途上国に対する援助では先進援助国が加盟するOECD開発援
助委員会（DAC: Development Assistance Committee）が定める評価5項
目（妥当性、有効性、効率性、インパクト、自立発展性）を用いて援助行為
とその効果を検証するのが通例であった。国際協力機構（JICA）もこの慣
行に従って、自らが関わる援助事業につき事前評価、中間評価、終了時評価、
事後評価を行ってきた。その目的は当初は①事業運営管理の手段として活用
する、②より効果的な事業実施のために援助関係者・組織の学習効果を高め
る、③説明責任の確保のために広く情報を公開することとされていた（国際
協力機構2004、p. 19）。そこでの基本的な関心は明らかに日本側の援助の取
り組み方にあったと言ってよい。前述したように、それは被援助側の発展途
上国にとって関心がないか、あったとしても条件付き（例えば②の結果とし
て援助の実施がより効率的になる）のものでしかなかった。

DACの評価５項目にしてもあいまいさを内包していた。例えば援助の効率性は援助のコスト、期間、効果の相互関係に照らして資源が有効活用されたかを問うが、過度の強調は援助の有効性を損ねる可能性がある。例えば援助国の設定する援助予算執行計画通りにプロジェクトが進行しない場合である。そもそも発展途上国は援助の有効性にはもちろん関心があるが、それが確保されている限り効率性はそれほど問題としない。また、妥当性は援助プロジェクトの正当性や必要性に関わる評価項目だが、援助する側とされる側の双方に掛るので両者間の衝突とまでいかなくとも不一致が生じることがある（長尾 2001）。DACは2019年の評価項目の改訂でこの矛盾を解消するため６番目の項目として「整合性」を加え、基本的に妥当性は被援助国、整合性は援助国の側の事情を反映するものとした（OECD/DAC 2019）。

　そのような評価基準とその適用の課題は別として、援助型の評価は個別プロジェクトを対象とする場合は標準化が進み事前・期中・終了時・事後等の必要に応じて標準的な評価アプローチが広汎に共用されている。しかし1990年代以降援助型のガバナンス自体に大きな変更が起きていることも事実である。先進援助国が発展途上国に対して自らの開発により大きな主体的努力をするよう求める条件として、セクター単位のプログラム援助や一般財政支援といったより包括的なガバナンスの形態を採用するようになったからである。この傾向はMDGsを経てSDGs下でさらに顕著になっている。その結果として援助型事業の評価に発展途上国がより明白な形で参加せざるを得なくなってきた。第１章で既に論じたように、「既存の制度やシステムを問い直す視点」の導入が援助型事業のガバナンスの変化を促し、量だけでなく質も含めて「価値を問い直す視点」の導入が評価の実施施方法の変更を余儀なくしているのである。この援助型事業のガバナンスの大きな変化の一環として協働的アプローチによる評価が実施されるようになってきた。さらにその先に途上国を巻き込んだ国際パートナーシップのガバナンスの新たな展開がみられるようになり、ガバナンス・評価マトリックスの協働型が登場する

　以下では、日本の対アフリカ協力についてこのような協働型のガバナンス、

協働的な評価のアプローチへの動きがどのように起きているのかを実際の評価事例を通して見ていくことにする。

2　援助型パートナーシップの協働的アプローチによる評価

　1990年代後半からJICAはケニアを皮切りにアフリカ諸国に対する理数科教育支援の技術協力を開始した。その多くは日本の理数科教育の専門家チームを支援先国に長期派遣し日本の理数科教育経験を生かす形で現職理数科教員の授業力改善のための研修を行う典型的な援助型協力であった。南アフリカに対する理数科教育協力も対アフリカ教育協力の一環として実施されることになったが、同国ではアパルテイト下の白人優先教育政策により既に豊富な理数科教員研修の人材と経験が備わっていることから、援助型ガバナンスのプロジェクトながらより協働的な性格の事業展開を図ることになった。1999年に始まった支援の当初からの課題は、「いかにして日本の理数科教育経験を伝えるか」と「いかにして支援期間中に南アフリカに自立発展的な理数科教員研修システムを構築するか」で、実際に6年をかけて実施した援助は南アフリカの理数科指導主事のチームを日本研修に招いて理数科教員研修計画を作成するのを日本の大学の理数科教育専門が支援し、帰国後の実施は日本研修に同行した南アフリカ理数科教育専門家が中心になって行う事業であった（長尾・又地 2002）。その実施プロセスも多分に協働的であったが、最も特徴的な点はJICAの援助プロジェクトとして通常の中間評価、終了時評価を行うことと並行して、構築した教員研修システムが自立発展性を持つように日本側と南アフリカ側が協働的なアプローチによる評価を行ったことであった。Box 1はその要約的な紹介である。

BOX 1　JICA南アフリカ理数科教育支援プロジェクトの協働評価

長尾　眞文

　1999〜2006年にJICAは南アフリカ政府の要請で南アフリカ・ムプマランガ州の中等理数科教員再訓練を目的とする技術協力プロジェクト（MSSI:

Mpumalanga Secondary Science Initiative) を実施した。プロジェクトの具体的目標は州内の全理数科教員を対象とする研修システムの確立で、日本の教員研修の経験を活かす形でそれを支援することが協力の主たる内容であった。JICAはこのプロジェクトの実施のため広島大学と鳴門教育大学の教員から成る合同専門家チームを形成したが、同時に南ア側でムプマランガ州教育省と並んで理数科教育に豊富な経験を持つプレトリア大学が事業パートナーとして加わる三者協働体制を構築した。日本の経験を理解し現地の教育事情に適した形で活かすには現地専門家の参加が不可欠と考えたのがその理由であるが、プレトリア大学がコンサルタントとしてではなくパートナー参加に同意したのは研究関心からであった。

このプロジェクトでは毎年ムプマランガ州の指導主事クラスの中高理数科教員と地区レベルの教育行政官をそれぞれ10名ずつJICAの国別研修受入れ枠で数週間日本に招き日本の教員研修制度（特に授業研究の慣行）について講義や学校訪問を通して彼らが主体的に学び、それを基に州・地区・学校の3レベルでカスケード式に展開する研修プログラムを作成するよう図った。日本研修の主たる指導責任は日本側大学チームにあったが、プレトリア大学教員も研修に同行して助言役を務めた。帰国後の研修プログラム実施については逆にプレトリア大チームが指導責任を負い、日本チームの教員が短期派遣専門家として助言した。このような事業実施プロセスと数年間にわたる学習の積み重ねにより双方の大学チームとムプマランガ州教育省の三者協働体制が極めて効果的、効率的に機能するようになった。

プロジェクトの最終年度に入り、JICAは通常通り自らが主導する終了時評価を計画したが、三者協働チームはそれに加えて事業のサステイナビリティの検証を主眼とする三者合同評価を提案し、JICAもこれに合意したため事業の一部として内部的な協働評価の実施が実現した。具体的には日本側大学チームがリーダーを務める三者合同評価委員会を設立し、実施プロセス、成果目的達成度、サステイナビリティ等の主要項目ごとに作業グループを設けて約1年かけて作業しそれぞれの検証結果を報告書にまとめるとともに、最終章で合同委員会としての提言を行った。提言作成に当たっては協働評価の特徴を活かすため、ムプマランガ州教育省、プレトリア大学、JICAおよび日本側大学の主体別に具体的な提案を盛り込んだ。ムプマランガ州教育省に対してはサステイナビリティ戦略の策定と実施を、プレトリア大学に対しては継続的関与へのコミットメントを、JICAに対しては出口戦略の意図的実施を、日本側大学に対しては事業のインパクトの継続的調査研究を、と言った具合であった。

3　協働型パートナーシップの標準的アプローチによる評価

国連、世界銀行等の国際機関は援助機関として発展途上国に対して資金を提供し援助型パートナーシップの推進者として活動するが、同時に自らが事業実施者として発展途上国の組織と一緒になって協働型プロジェクトを実施

することも多い。これらの機関は通常そのようなプロジェクトの企画・実施に強いリーダーシップを発揮するので協働パートナーシップのガバナンスが実際にどこまで協働的であるかは事業によって異なることが予想されるが、事業に関わる評価、特に事業結果の検証については外部の第三者的評価専門家に委嘱する形で実施するのが常である。そうする理由は、国際機関にとって評価が中立的、客観的に行われる必要があるからである。その任に当たる評価者集団は評価の関連知識・知見を共有しており専門性の観点から標準的なアプローチによって評価を実施することが多い。

　アフリカは発展途上地域の中でも際立って国連機関の直接的介入による協働型パートナーシップが多く実施される地域である。国連大学は2016～2018年にアフリカ開発銀行の助成でアフリカの大学間協働プロジェクトを支援した。その終了時に外部評価者2名に委嘱して標準的なアプローチによる専門的な第三者評価を行った。Box 2はその概要的紹介である。

BOX 2　国際協働プロジェクトの外部専門家による評価

長尾 眞文

　国連大学は2009～2018年にアフリカの英語圏5か国（ガーナ、ケニア、ナイジェリア、ザンビア、南アフリカ）の8大学と協力して「アフリカの持続可能な開発のためのリーダー養成プログラム（ESDA: Education for Sustainable Development in Africa）」を実施した。日本政府の支援を受けてスタートしたこの事業の目的は、農村開発、都市化対策、鉱物・鉱業資源開発の3分野でアフリカの大学がそれぞれの教育研究資源を持ち寄って開発現場での問題解決を重視する修士プログラムのカリキュラムを共同開発し、相互に協力しつつプログラムを運用して修士卒の専門的人材を育成することであった。プログラム開発段階では日本・北欧の大学やUNEP、UN-Habitat等の国際機関も支援参加した。2013年からスタートした修士プログラムでは2018年までに上記の3分野で176名の学生が履修し、55名が卒業した。また教育プログラムと並行して参加大学の若手教員チームが中心となって行った共同研究では修士課程で使用する教科書を中心にアフリカの持続可能な開発に関する5冊の書籍を出版した。このプログラムの教育内容の質的改善と研究活動の強化には2016年から2018年までの3年間アフリカ開発銀行から国連大学が受けた助成支援が大いに役立った。
　アフリカ開発銀行は他の国際機関と同様に助成先団体と交換する契約書に付帯する実施計画書に成果ベースの評価枠組（ログ・フレーム）を含め、事業終了時

にはこの枠組みに沿った助成先団体の自己評価を含む事業終了時報告書の提出を義務付ける。この評価枠組みは事業が計画通りに実施されたかを問うプロセス評価と事業で当初設定した目標がどこまで達成されたかを問う成果評価から成り、助成先団体は評価する全項目について予め特定された指標に沿って自己検証するとともに、助成支援が全体としていかに有用であったかについて総括し報告することになる。これは資金提供者が課す援助評価の一種である。しかしアフリカ開発銀行は助成契約締結前の交渉段階で、ESDAプログラムがアフリカの大学間協力の推進に寄与する事業であることの重要性に賛意を示し、助成を申請する国連大学が助成対象項目としてESDAパートナー大学間の協働作業の評価を盛り込むことに合意した。そこで国連大学はアフリカ側大学と協議して、アフリカの著名な事業評価者による第三者評価を委託することにした。内部評価にせず外部評価とした理由は、アフリカの大学間の協働事業の実施例が限られているため評価結果が情報価値を持つことが予想されることから作業に客観性、独立性を持たせる必要があるからであった。

　実施段階でこの外部評価作業はESDA協働事業の有効性、効率性、インパクトを検証するアカウンタビリティ評価と事業の将来性、潜在性、展開力を検証する戦略的レビューとに分けられ、前者は評価経験豊かなケニア出身の大学教員、後者は国際的に活躍する南アフリカ出身の評価コンサルタントにそれぞれ委ねられた。両者ともに多数の国際的な評価作業を実施した経験があることから、委託契約締結後の評価作業の計画・実施は評価者ペースで進められ、国連大学とアフリカのパートナー大学は評価者からの要請に応える形でアンケート、インタビュー、電話会議によるデータ収集への協力、評価判断に関する意見の提示を行った。この外部評価の結果は2018年11月に国連大学で開催されたESDAプログラム報告会議で発表され、その後報告書の形でESDAパートナー間で共有されるとともにアフリカ開発銀行にも事業成果として提出された。ESDA内部ではこれら二つの外部評価の提言を活かす形でのプログラムの将来展開を計画中である。

4　協働型パートナーシップの協働評価

　日本の協働型国際協力パートナーシップは先進国相手がほとんどであるが、近年発展途上国と対等の関係で結ぶ協力も増えてきている。アフリカとの関係では、学術研究の分野で日本と南アフリカの大学や研究者による共同研究に双方の公的基金から資金が提供され協働型事業の実例が生まれている。日本学術振興会（JSPS）ではすでに多年にわたって南アフリカの国立研究基金（National Research Foundation）と双方の研究者交流に同額出資している。科学技術振興機構（JST）も昨年からNRFと協力して他のアフリカ諸国も巻

き込む形の日本 - 南アフリカ間大学間研究協力の支援を開始している。未だ新しい対等な関係構築の模索をしている段階で協働ガバナンスの確立にいたったとは言えないが、南アフリカ政府の科学技術振興に対する強いコミットメントがあり、南アフリカ - 日本大学フォーラム（South Africa-Japan University Forum）の組織的な後押しもあるので援助型に依拠しない協働型の取組の一層の推進に期待が高まる。

　国際的な協働型パートナーシップのガバナンスの構築は必ずしも容易ではない。経験も考え方も志向も異なる国や組織が協働するには多種多様なハードルを協力して乗り越えねばならない。その際に最も基本的なプロセスは情報の共有とその解釈と活用における共同の意思決定で、評価はまさにそのためのツールとしてプロセスの進行を支える役割を持ち得る。通常の事業の企画・運営を考える際に用いられるP-D-C-Aのプロジェクト・サイクルではC（評価）は実施段階のツールとして扱われるが、国際的に新規の事業を立ち上げる際には評価を前倒しして活用にすることにより協働の出発点で強固なガバナンスを確立する必要がある。適切に企画され実施される事前評価は事業立ち上げのための有力なドライバーとなり得る。そして強化される協働のガバナンスはさらなる評価の有効活用を支えることになる。協働型事業ではガバナンスと評価の間にそのような相互補強的な関係が継続的に成立する時にその実現の展望が開ける。Box 3は国連大学が前述したESDAプログラムの一環で新規SDG事業としてアフリカの次世代起業家育成プロジェクトを構想する際に、アフリカの大学チームと組んで協働評価を意図的に活用した事例の紹介である（長尾 2021）。

BOX 3　国際協働事業創出のための協働評価

長尾 眞文

　前掲のBox 2で紹介したアフリカの大学間連携協力のためのESDAプログラムでは2013年から農村開発、都市化対策、鉱物・鉱業資源開発の3分野で修士プログラムを正式にスタートさせたが、2015年に国連のアジェンダ2030とアフリ

カ連合の2063アジェンダが相次いで採択されアフリカ諸国の持続可能な工業化推進の気運が高まると、4番目の分野としてアフリカの工業化を牽引する企業家の育成をプログラムに加える案を検討することとした。アフリカの若者の失業対策を優先課題としているアフリカ開発銀行はESDA支援の枠内でその検討を行うことを許容した。そこでESDA事務局を務めていた国連大学はパートナー大学と協議してアフリカの次世代企業家育成事業の構想づくりに着手した。

　構想化の具体的目標は新規事業の実現に必要な資金獲得のための説得力のある助成申請企画案の作成で、そのカギとなる企画案裏付け評価の実施で参考にしたのはOwen（2006）の事業前評価（Proactive evaluation）の方法であった。この方法の特徴は新規案件に関連する多様なデータの多角的収集と複数のステイクホルダーとの収集データの共有・協働アセスメントを丁寧に重ねつつ漸進的・発展的に事業の実行可能性を評価し、確認することにある。その示唆に従い、ESDA事務局とパートナー大学は主要なステイクホルダーを巻き込む形の協働評価を内部的に実施することとした。アフリカの工業化のための若手企業家育成は新規の課題で状況把握に利用可能な統計データが存在せず計量的アプローチが使えないことから、作業は主として質的情報の収集・分析に依拠することとなった。具体的には下記のステップを踏んで作業が進められた。

（1）企画案裏付け評価の実行案作成
　　―アフリカ開発銀行を含む資金提供候補機関との事前協議
　　―ESDA 事務局とパートナー大学の合同チームによる評価デザイン
（2）データ収集：
　　―アフリカの主要ビジネス大学院の訪問・聞き取り調査
　　―アフリカの主要ビジネス大学院の企業家教育カリキュラムの比較
（3）ステイクホルダー対話：
　　―アフリカの若手企業家（30名）との対話ワークショップの開催
　　―アフリカの主要ビジネス大学院研究科長ワークショップの開催（15名）
　　―ステイクホルダーとの評価結果の共有
（4）新企画案の作成

　実際の評価作業では国や地域で工業化の現状もニーズも一様でなくそれに対する取り組みも多様で評価作業の実施プロセスは紆余曲折の連続であった。例えば調査で訪問したビジネス大学院では重点対象として大規模企業を挙げるところもあれば、中小企業に傾斜しているところもあったが、大きなニーズがあると思われるインフォーマル・セクターと取り組んでいるところは稀であった。若手企業家とのワークショップでも異なるビジネス環境や経験を反映してキャリア観もビジネスの将来展望も相互に異なることが判明した。

　最終的にキー・ステイクホルダーの主要ビジネス大学院研究科長とのワークショップで協働評価の結果としてまとめた新企画案は、ESDA事務局とパートナー大学が当初考えていた4番目の修士プログラムとは程遠く、ビジネス大学院教員の「実践コミュニティ」を設立し、企業家教育用のケース・スタディ集作成のための研究開発の実施、教員の指導力改善プログラム、企業家支援目的の中核インキュベーション・ネットワークの形成を推進すること、企業家教育用教材や

資源の共同活用を推進すること、アジア（日本）——アフリカ若手企業家交流を
推進すること、中長期的に企業家教育カリキュラムの改善研究フォーラム開催を
すること等のパッケージ企画であった。フォローアップについては単一企画案と
して考えず、短期的に達成可能でかつ外部資金獲得の可能性の大きい項目から順
に詳細企画を作成し実現を図ることになった。

第5節　日本の対アフリカ協力の課題と協働パートナーシップの可能性

　第2節で見たように日本とアフリカの関係は極めて限られたものである。
日本にとってのアフリカもアフリカにとっての日本もパートナーとしての比
重は小さい。そして日本の対アフリカ協力はこれまで援助型パートナーシッ
プがほとんどであった。しかし、2000年代に入りMDGsからSDGsと持続可
能な工業化を軸に急速な経済社会の発展を遂げようとしているアフリカ諸国
は、日本がTICADの創設を起爆剤として中国、インド、韓国の参加も誘引
したアジア - アフリカ間の対話型パートナーシップに強い関心を抱いている。
特にアフリカ諸国にとって協働型のパートナーシップを構築することは新し
い挑戦であり、SDGs下の国際協力の新機軸となる可能性をも示唆している。
前2節の考察で国際協力パートナーシップのガバナンス構築に評価が重要な
役割を持ち得ることを明らかにした。本節ではさらに詳しく新たなパートナ
ーシップの可能性を現実のものとするために特に解決すべき評価の課題につ
いて考えてみたい。

　国際的な文脈で評価を活用する際に最初に直面する課題は、国と国あるい
は地域と地域の間の異文化の理解をいかに評価に活かし適切な意思決定に導
くかである。本書の第5章の執筆者のM・パットン は35年以上前の米国評
価学会刊行物の『文化と評価』特集で、国際的な評価は「文化的に敏感で状
況対応的」でなければならないと言っている（Patton 1985, p. 95）。日本と
アフリカの関係で考えると、まずアフリカ側で文化的、認識論的な脱植民地
化志向が近年特に強くなっていることを特記する必要がある（遠藤・関谷編
2017）。評価の世界でもアフリカの専門家は 'Made in Africa evaluation' の

重要性、必要性を説いている（Chilisa 2015）。アフリカ側でも日本に関する一般的知識・情報は決定的に不足している（Lumumba-Kasongo 2010）。

　日本とアフリカのより深い相互的文化理解には双方に共通している価値・価値観を模索し共通理解を深めることが重要であろう。前述したアフリカの脱植民地化志向は裏を返せば欧米思考や科学主義による支配が継続していることを意味している。同様の知的傾向は日本あるいはより一般的にアジアにも存在する。魂才の起源に関する姿勢は日本あるいはアジアとアフリカでそれほど変わらないのかも知れない。もう一つの共通関心は世代間の関係である。現象的には高齢化が急速に進む日本と若年層の拡大が進むアフリカは対照的であるが、双方で生まれている世代間の継承の問題はそれぞれに深刻で価値共有の対象となる関心事項であろう。さらに個人との対比における集団の持つ意味や価値に対する配慮や感覚も日本とアフリカ双方の社会で際立っており、注目に値する。これらの共通関心事項は協働評価のプロセスや成果の検証をする際の価値基準の設定に役立つはずである。例えば、最後の集団的価値について言えば、学校教育の改善のための教員研修を実施する際に、通常の研修プログラムの評価は研修を受講する個々の教員に注目し、その教員の学び、受容、行動、インパクトの流れで研修成果を追跡し、結果の総和を研修プログラムの成果とする。これに対して日本やUbuntu（南アフリア起源の他者への思いやりに基づくコミュニティ優先志向）の活きているアフリカ社会では、研修プログラムの企画時から研修対象を個々の教員プラス教員グループと二層設定にし、プログラムの構成、評価もそれに応じて並行的に組み立てることができる。成果評価も個々の教員単位の成果（の総和）に加えて、教員グループとしての学び、行動、インパクト等が加算される。Box 1で紹介した南アフリカの理数科教育改善プロジェクトはその実行例であった。日本研修に参加した理数科教育指導主事は帰国後それぞれの所属地域で日本滞在中にグループで作成した研修プログラムを実行したが、加えて日本での研修期間中にグループで形成した研修チーム概念を適用して地域の境界を越えてより深化した内容の研修を一般教員に提供できた。

　最後に日本とアフリカの協働パートナーシップの可能性の有無や実現の度合いを決定するのはお互いの知的理解や受容よりも強力な実践を通じる相互の感覚的な同化であろうかと思う。筆者の個人的な体験であるが、アフリカのジンバブエのある村を調査で訪れた時に、私と現地の女性調査協力者がマイクロバスで近づくと集まっていた女性数名が半月状になって唄い踊りだした。マイクロバスが輪の傍まで行って停まると、調査協力者はすぐにドアを開けやはり唄い踊りながら降りて輪に加わった。どうやら彼女は村の人たちによく知られているらしい。彼女は半ば呆気にとられて車を降りかねている私に向かって目で「降りろ」の合図をしつつ私に寄って来たかと思うと、いきなり私の手を取ってグループの輪に引っ張りこんだ。それで私も観念して女性たちの真似をして体を動かし「どうなってんの」とわめきながらとにかく全力で笑顔を続ける努力をした。後で調査協力者から「あれはあなたを村に入れるための儀式だけどテストでもあった」と言われ納得した。後日の彼女との研究協議の中で、日本が迎える側だったら歌や踊りではなく、静かに座ってお茶でも勧める儀式から始める、動と静の違いだなどと言ってお互い笑ったが、そのような実践の共有を通して相互の意図・意識の共通性と様式の相違をともに体感することが協働パートナーシップを単なる可能性から実現に導く重要なステップのように思われる。

第6節　おわりに

　本章ではSDGs下でグローバルな持続可能な開発の重要課題であり続けるアフリカ、特にサハラ以南のアフリカ諸国に的を絞り、日本との協力パートナーシップの可能性について検討した。SDGsの呼びかけにより地球規模で多種多様な協働型の事業が進行する中で、アフリカは援助型協力のパートナーとしてのみ考えられがちである。しかしMDGsからSDGsへと長期的な開発戦略を追求するアフリカ諸国は自立発展的な軌道に乗りつつある。アフリカ諸国にとって日本は貿易、援助、投資等の経済的関係で見ても量的には極

めて限られた存在でしかない。しかし1993年に日本が創設したTICADが契機となって、中国、インド、韓国等もアフリカ諸国との協力パートナーシップを推進するようになり、アジアとアフリカの間に新たな協力関係構築の道筋が見え始めている。アフリカ諸国にとってこの新しい国際協力関係はこれまで経験してこなかった協働型パートナーシップ構築への挑戦を意味する。

　国際協力パートナーシップの設立、推進には共同で行う事業を支え協力の双方のパートナーが参加するガバナンスの構築が不可欠である。そのための最も重要な要素は意思決定に関わる戦略的情報の共有で、そこにガバナンスを支える評価の機能的役割がある。評価は協働のドライバーとなり得るし、その評価が十分な役割を果たすには評価システムを形成すべきガバナンスの充実が不可欠である。両者の組み合わせは相乗効果を生み、パートナーシップの一層の推進を下支えする。本章での事例的考察を通して、援助型パートナーシップにおいても協働的アプローチによる評価が重要な役割を果たし得ることが判明した。協働型パートナーシップでは評価を前倒しして協働的アプローチによる評価を事前評価の段階から導入することにより、事業と評価の相乗効果を新企画の形成から取り込むことが可能となる。

　日本とアフリカ諸国の間で協働パートナーシップを推進するには双方で異文化理解を進めることが必要なことはもちろんであるが、さらに共通の価値・価値観の確認と共有をすることも重要である。その関連で特に注目すべきは世代間継承に関する共通意識や個人との対比における集団的利益への配慮である。協働パートナーシップの実現には双方のパートナーによる協働事業の核心部分についての共通理解が不可欠である。

注
（1）現在でも後発開発途上国リストの46か国の内アフリカ諸国が33か国（72％）を占める。
（2）アフリカ研究者の間では1990年代に一部のアフリカの国々が政治的民主化や経済的革新さらには文化的創造を実現したことからアフリカ・ルネサンスと呼ばれる楽観論を唱えていた（川端 2000）。

（3）世銀のWorld Development Indicators（2021）によると、2000年－2019年の
　　GDP年平均成長率トップ30か国はいずれも発展途上国であったが、その内の
　　12か国はサハラ以南のアフリカ諸国であった。

（4）**表3-2**によるとサハラ以南アフリカ全体の工業生産成長率は2000年－2019年に
　　３％と低いが、その裏には10数か国が鉱物資源部門を中心に年率５％以上の
　　工業成長を遂げたことが隠されている。

（5）アフリカの人口に占める若者割合が高いので人口の高成長が予想され2050年
　　には現在の倍の21億人に達するとみられている。アフリカ専門家の間ではア
　　フリカ農業の低い土地生産性や気候変動の悪影響、さらには農村若年層の都
　　市部への流出も加わって農業生産が問題化しアフリカ全域で食糧問題が深刻
　　な課題として浮上するとの見方が出ている（平野 2017; 白戸 2017）。

（6）2019年８月に「アフリカに躍進を！ひと、技術、イノベーションで」をテー
　　マに横浜で開かれたTICAD VIIでは、「アフリカ経済の多角化」、「持続可能で
　　強靭な社会の深化」、「平和と安定の強化」の３つの柱から成る「横浜行動計
　　画2019」、「横浜宣言2019」が採択された。詳しくは外務省のTICAD VIIサイ
　　ト（https://www.mofa.go.jp/mofaj/area/ticad/ticad7/index.html）を参照さ
　　れたい。

（7）気候変動や生物多様性をめぐる地球レベルの政府間交渉の例を除くと、発展
　　途上国が積極的に参加する国際的協働パートナーシップの先行的事例として
　　は、稀少資源（リン）の管理が挙げられる（Shiroyama et al 2012；松八重・
　　大竹 2018）。

（8）O' Sulliban（2012）は協働評価と他のステイクホルダー志向の評価（参加型評
　　価、エンパワーメント評価、実用重視評価）の共通点と相違点を評価の焦点、
　　ステイクホルダーの役割、評価者の役割等事業評価の12の側面について比較・
　　分析している。

参考文献

African Development Bank, OECD and UNDP（2017）*African Economic Outlook 2017: Entrepreneurship and Industrialization*,（http://dx.doi.org/10.1787/aeo-2017-en）.

African Union Commission（2015）*Agenda 2063: The Africa We Want*. Addis Ababa.

Ansell, C., and A. Gash.（2008）Collaborative Governance in Theory and Practice, *Journal of Public Administration Research and Theory*, 18（4）, pp. 543-571.

Chilisa, B.（2015）*Synthesis Paper on the Made in Africa Evaluation Concept*, Commissioned by African Evaluation Association（AfrEA）.

Collier, P.（2007）*The Bottom Billion: Why the Poorest Countries Are Failing and*

What Can Be Done About It, Oxford: Oxford University Press.

Emerson, K., T. Nabatchi, and S. Balogh. (2012) An Integrative Framework for Collaborative Governance, *Journal of Public Administration Research and Theory*, 22 (1), pp. 1-29.

Kates, R. W., and P. Dasgupta. (2007) African poverty: A grand challenge for sustainability science, *Proceedings of National Academy of Sciences*, 104 (43), pp. 16747-16750.

Khan, A. R. (2011) Employment in Sub-Saharan Africa: Lessons to be Learnt from the East Asian Experience. In Noman, A., K. Botchwey, H. Stein and J.E. Stiglitz eds. (2011). *Good Growth and Governance in Africa: Rethinking Development Strategies*. Published to Oxford Scholarship Online: May 2012. DOI: 10.1093/acprof:oso/9780199698561.003.0015.

Lumumba-Kasongo, Tukumbi (2010) *Japan-Africa Relations*, New York: Palgrave Macmillan.

Newman, C., J. Page, J. Rand, A. Shimeles, M. Soderbom and F. Tarp (2016) *Made in Africa: Learning to Compete in Industry*, Washington, D.C., Brookings Institutions Press.

OECDW/DAC Network on Development Evaluation. (2019) *Better Criteria for Better Evaluation Revised Evaluation Criteria Definitions and Principles for Use*, OECD/DAC Network on Development Evaluation, Paris.

Ohno, I. and K. Ohno (2011) Dynamic Capacity Development: What Africa Can Learn from Industrial Policy Formulation in East Asia. In Noman, A., K. Botchwey, H. Stein, and J.E. Stiglitz eds. *Good Growth and Governance in Africa: Rethinking Development Strategies*. Published to Oxford Scholarship. Online: May 2012. DOI: 10.1093/acprof:oso/9780199698561.001.0001

O'Sullivan, R. (2012) Collaborative Evaluation within a framework of stakeholder-oriented evaluation approaches, *Evaluation and Program Planning*, 35, pp. 518-522.

Owen, J. (2006). *Program Evaluation, Forms and Approaches*, 3rd Edition, Crow's Nest, Australia: Allen & Unwin.

Patton, M. (1985) Cross-cultural Non-generalizations. In Patton, M. ed Special Issue: Culture and Evaluation, New Directions for Program Evaluation, no. 25, 1885. San Francisco:Jossy-Bass, pp. 93-96.

Rodriguez-Campos, L. (2012) Advances in collaborative evaluation, *Evaluation and Program Planning*, 35, pp. 523-528.

Sachs, J. (2015) *The Age of Sustainable Development*, New York: Colombia University Press.

Shiroyama, H., M. Yarime, M. Matso, H. Shroeder, R. Scholz and A. E. Ulrich.

(2012) Governance for sustainability: knowledge integration and multi-actor dimensions in risk management, *Sustainability Science*, 7 (Supplement 1), pp. 45-55.

Stufflebeam, D. (2001) *Special Issue: Evaluation Models*. New Directions for Program Evaluation, no. 89, 2001. San Francisco:Jossy-Bass, pp. 7-98.

United Nations. (2000) *United Nations Millennium Declaration*, Resolution 55/2 adopted by the General Assembly on 8 September 2000.

United Nations (2015) *Transforming our world: the 2030 Agenda for Sustainable Development*, Resolution 70/1 adopted by the General Assembly on 25 September 2015.

遠藤貢・関谷雄一編 (2017)『東大塾　社会人のための現代アフリカ講義』東大出版会。

川端正久 (2000)「序論　21世紀アフリカと新たな展開」日本国際政治学会編『国際政治』第123号、「転換期のアフリカ」、1～12ページ。

国際協力機構 (2004)『プロジェクト評価の実践的手法　JICA事業評価ガイドライン改訂版』、国際協力出版会。

国際協力機構評価部 (2021)『JICA事業評価ハンドブック (Ver.2.0)』(https://www.jica.go.jp/activities/evaluation/guideline/ku57pq00001pln38-att/handbook_ver.02.pdf)。

佐藤寛 (2005)『開発援助の社会学』世界思想社。

佐藤真久・島岡未来子 (2020)『協働ガバナンスと中間支援機能　環境保全活動を中心に』「SDGs時代のESDと社会的レジリエンス研究叢書②」筑波書房。

白戸圭一 (2017)「産業資源——アフリカ・ビジネスの可能性と課題」、遠藤貢・関谷雄一編 (2017)『東大塾　社会人のための現代アフリカ講義』東大出版会、79-104ページ。

高橋基樹 (2017)「アフリカと日本のかかわり——そのあり方と新しい展開」、遠藤貢・関谷雄一編『東大塾　社会人のための現代アフリカ講義』東大出版会、105-134ページ。

長尾眞文 (2001)「援助における評価の目的と活用方法：南アフリカ理数科教育支援事業による例示」『国際教育協力論集』4 (1)、89～100ページ。

長尾眞文・又地淳 (2002)「教育分野における新たな技術協力モデル構築の試み——南アフリカ・ムプマランガ州中等理数科教員再訓練プロジェクトから」『国際教育協力論集』5 (1)、83-100ページ。

長尾眞文 (2021)「新規SDG事業構想時の評価活用:アフリカの次世代企業家育成事業の事例報告」『日本評価研究』21 (2)、73-87ページ。

平野克己 (2017)「グローバル化するアフリカをどう理解するか——資源・食糧・中国・日本」、遠藤貢・関谷雄一編『東大塾　社会人のための現代アフリカ講義』東大出版会、27-51ページ。

松八重一代・大竹久夫 (2018)「持続的リン管理の国際動向」『日本LCA学会誌』14 (2),134-139ページ。

第4章

通域的な学び：異なる風土にある主体が学び合う方法論の提案

工藤 尚悟

第1節　はじめに

　本書の主題は「SDGs時代の評価」である。米原による「はじめに」において、本書の視座として、次のような問いが設定されている。

　複数の異なる価値観が存在し、何がよいことなのかについて一意の判断を下すことができない場合には、それらの価値観が語られている個々の「文脈に応じた創造的なアプローチ」が求められる。この「文脈に応じた創造的なアプローチ」を評価のなかで考えたとき、それは一体どのような取り組みなのだろうか。

　本書における評価はScriven（1991）が示す、対象となる物事の善さ、値打ち、意義を捉えると同時に、それらの価値を対象から引き出すこと、と定義されている。この評価と共に「SDGs時代」と「文脈に応じた創造的なアプローチ」という2つのキーワードが提示されているが、これらの言葉はどのような意味合いを持つのだろうか。

　本章は、まずこれらのキーワードの意味を掘り下げながら本書の視座を確認し、全体における本章の位置付けを示す。その上で、著者が提唱する異なる風土にある主体が出会い学び合う関係性を構築する「通域的な学び」について、実際の事例を用いながら紹介する。通域的な学びは、本書で議論して

Key Word：通域的な学び、風土、SDGs時代、持続可能な開発、サステイナビリティ、空間的発展史観

いる「文脈に応じた創造的なアプローチ」の１つであり、本書のなかの評価
の定義に照らせば、価値を対象から引き出すことに主眼を置いた学びの方法
論である。

第２節　「SDGs時代」とはどのような時代なのか？

はじめに、SDGs時代が示す時期については、国連が2000年に途上国での
極度の貧困や飢餓の撲滅を目的として設定したミレニアム開発目標（MDGs:
Millennium Development Goals）を2015年以降引き継ぎながら、持続可能
な開発目標（SDGs：Sustainable Development Goals）に取り組んでいく時
期を指していると考えるのが妥当である。SDGsは「誰一人取り残さない
（Leave No One Behind）」という原則を掲げ、気候変動、質の高い教育、ジ
ェンダー平等、責任ある生産と消費、住み続けられるまちづくりなど、先進
国と途上国という枠を超えて、人間社会にとって普遍的に重要な課題に取り
組むための17目標を設定している。

こうしてMDGsを発展させたグローバル・アジェンダとしてのSDGsであ
るが、その中心にはどのような価値観があり、そのことは私たちがこれから
暮らしていく時代にどのような意味を付与するものなのだろうか。このこと
を掘り下げることではじめて「SDGs時代」がどのような時代であるのかを
理解することができるのではないだろか。

ここで注意が必要なのが、こうした理解を得るためには、SDGsの17目標
を個別に詳しく見ていったり、目標間の関連を描き出したり、個々人が自分
事として何ができるのかを考えたりするだけでは不十分だということである。
なぜならSDGsは持続可能な社会を実現するために国連が設定した具体の目
標に過ぎないからである。ここでは、SDGsが設定される際の議論において
その中心的な指針となった「持続可能な開発」と「サステイナビリティ」と
いう概念の意味を把握しないかぎり「SDGs時代」の価値観を理解すること
はできない。

1　持続可能な開発とサステイナビリティ

持続可能な開発は、国連に設置された「環境と開発に関する世界委員会（World Commission on Environment and Development）」が1987年に出した『我ら共有の未来（Our Common Future）』という報告書のなかで提唱された概念である（WCED, 1987）。この報告書は、当委員会の委員長を務めた当時ノルウェー首相のグロ・ハーレム・ブルントラント氏に由来し、「ブルントラントレポート」と呼ばれている。この報告書のなかで、持続可能な開発は次のように定義されている。

持続可能な開発とは、将来世代が彼らのニーズを満たすために必要な能力を損なうことなく、現行世代が自らのニーズを満たすことができるような開発のことである（著者訳）[1]

Sustainable development is development that meets the needs of the present without compromising the ability of future generations to meet their own needs（Source: Ch.2 Towards Sustainable Development）.

持続可能な開発は、現行世代と将来世代が伴にそれぞれのニーズを実現することとされる。ただし、現行世代が自身のニーズを実現しようとするときに、将来世代が彼らのニーズを満たすために必要となる資源や能力を損なうような方法を用いてはならないとする。つまり、ニーズの実現に係る行為において、現行世代と将来世代の間に公平性が担保されなければならないと主張している。

この持続可能な開発という概念の中心には「サステナビリティ」という考え方が存在する。サステイナビリティが意味するところは、その語源に遡るとわかりやすい。サステイナビリティ（Sustainability）の語源は、ラテン語の「*sustinere*」であり、前半部分の「*sus-*」は「*sub-*（下から持ち上がる）」、

後半部分の「*-tinere*」は「to hold（支える・保留する）」の意味である。これに「*-ability*（〜する能力がある）」が付くことで、全体として、「ある物や事を下から支えながらその状態や質を持続させる能力」という意味となる[(2)]。

　こうして語源に遡ってサステイナビリティが意味するところを考えていくと、「私たちは一体どのようなものやことを下から支えていきたいのだろうか」という本質的な問いにたどり着く。ここに持続可能な開発が強調する世代間の視点を含めると、「私たちはどのような状態や価値観を将来世代に手渡していきたいのか」ということが問われていることがわかる。

　国連が提唱しているSDGsはこうした持続可能な開発やサステイナビリティという概念を反映した具体の目標であり、本書のタイトルでもある「SDGs時代」とは、「何を将来世代に手渡していきたいのか」という問いに答えていく時代ということになる。さて、こうした意味合いを持つSDGs時代における評価はどのような役割を担うのか。「はじめに」で米原が示しているとおり、SDGs時代の評価は、17目標の達成がどの程度進んでいるのかについての事実特定に留まらず、持続可能な開発やサステイナビリティという考え方が社会に浸透していくことを後押しする役割を担っている。では、そうした役割はどのようなアプローチによって可能なのか。もう一つのキーワードを掘り下げながら検討していきたい。

第3節　「文脈に応じた創造的なアプローチ」の実践のために

　続けて「文脈に応じた創造的なアプローチ」についてもその意味するところを探っていきたい。SDGs時代においてなぜ「文脈に応じた創造的なアプローチ」が重要なのだろうか。

　本書の主題である「SDGs時代の評価」において「文脈」が意味するものは、著者は、評価の対象となる複数のものの間の差異の扱い方と捉えている。それは対象となる事業の特性（事業の種類、目的、組織など）についての違いとして認識されるものを意味する。こうした違いをあくまで事業間の誤差と

して扱って同一の対処を用いる方法を「文脈に応じないアプローチ」とすれば、SDGs時代の評価はこれとは対照的に、複数の対象間の差異に柔軟に対応した方法、つまり「文脈に応じた創造的なアプローチ」でなければならない。これは「はじめに」でも述べられているとおり、SDGs時代は、複数の異なる価値観が同時に存在している世界が前提となっているからである。

　それでは、こうした柔軟な姿勢を含む「創造的なアプローチ」は如何にして可能なのだろうか。これは、対象を捉えるときの認識論（エピステモロジー）に深く関連する。なぜならば、対象のあり様をどのような枠組み（フレーミング）で捉えるのかによって、その対象にどのように取り組むのかが規定されるからである（Mino and Kudo, 2020）。

　こうしたフレーミングは、主体が慣れ親しんだ認識論に強く影響される。例えば課題解決型思考を日常的に使っている個人は、対象の中に課題を見出し、その解決方法を探るという思考パターンに慣れている。課題解決型思考は、対象としての問題がある特定の構造のなかに存在しているという認識論に立ち、同時にそれを解決に向かわせるための枠組みが必要であるとする思考方法である。今日の社会では実に多くのことが課題として語られているため、課題解決型思考は社会をより良くするための方法として高く評価されている。一方で、あまりにこの思考方法に慣れてしまうと、今度はほぼ無自覚に、どのような状況に対しても課題を見出そうとする姿勢に陥ってしまう。私たちの社会が課題とその解決だけで構成されているわけではなく、自由や公平性などの価値観や、表現や共感などの人々の創造性が重要であることは言うまでもない。そうした自明の事実がありながらも、課題解決型思考のような特定の認識論への固着は、世の中の多様な価値観を見えにくくすることがある。

　多様な認識論をどのように取り込むのかについては、学際的研究の中で広く議論されてきている。異なる研究領域の方法を併用しながら対象を捉える能力は、エピステモロジーの柔軟性（epistemological agility）として紹介されている（Haider et al., 2018）。これは、分野ごとに異なる認識論がありそ

れらが同時に存在することを認めているだけでなく、複数の認識論を場面ごとに往来することで、共同的に新しい知が生み出せることを示唆している。

　実際にこのようなエピステモロジーの柔軟性を発揮することは、特に特定分野の専門家としての訓練を受けている者ほど、専門性を尊重するがゆえに自身の専門分野以外の分野については立ち入らないことが慣習となっている。そうしたことは「私はAの専門家なので、Bのことについては分からない」というような発言によく表されている。しかしながら、本書が前提としている「SDGs時代」は異なる複数の価値観が同時に存在する世界を前提としているのだから、こうした専門性の殻に閉じこもるような態度は積極的に回避する必要がある。なぜなら、ある専門性にこだわることは、ある特定の認識論に留まることを意味し、SDGs時代の多元的な世界を捉えようとした際に障害になってしまう可能性が高いからである。

　それでは、エピステモロジーの柔軟性を引き出すためにはどのような方法が考えられるのだろうか。1つには、これまで慣れ親しんだ認識論や枠組みとは異なる方法で世界を認知し、新しい視点から対象を捉え直すということではないだろうか。そうした経験は盲点をつかれるようなものであり、同じ世界をこれまではとは異なる解釈を通じて了解するという手続きでもある。そうした方法によって慣習的に固定化された物事の見方が問い直されることではじめて「文脈に応じた創造的なアプローチ」を発想することができるのではないだろうか。

第 4 節　通域的な学びの提案

1　通域的な学びとはなにか

　先述のとおり、複数の異なる価値観が併存するSDGs時代に求められる「文脈に応じた創造的なアプローチ」を可能にするためにエピステモロジーの柔軟性が重要になる。こうした柔軟性を得るためには、従来の慣れ親しんだ認識論や枠組みがずらされ、異なる視点から状況を再認識するような体験が有

効なのではないか。こうした体験を得るためのアプローチとしてとして著者が提唱しているのが、「通域的な学び（Translocal Learning）」である（Kudo et al., 2019; Kudo et al., 2020）。

　通域的な学びは、異なる風土にある独立なる主体が出会い、双方に見出す自身との違いから学び合う関係性を構築するという方法論である。ここでの風土は、地域性と領域性から構成される。地域性は主体が属する地域に特有の自然環境や世代間のつながりなどの空間軸と時間軸に関する項目を意味し、領域性とは産業、教育、行政制度などの社会経済軸に関する項目を意味する。こうした地域性と領域性の総合として風土があり、すべての主体は自身の風土に影響されて存在する。こうした異なる風土の出会いによる学びという視点は、風土学（ベルク・川勝, 2019）や地理哲学の邂逅の論理（木岡, 2013）より着想を得ている[(3)]。

　図4-1は、通域的な学びを、地域づくりやコミュニティ開発など特定の地理的境界を有する主体を想定した他の２つのアプローチと比較しながら概念的に示している。はじめに、主体による取組みが自身の境界のなかに留まっている状態を示しているのが「１．単独型アプローチ」である。例えば、ある農村地域における農産品の六次産業化を通じた地域活性化策を例にすると、その効果が実施主体である生産者グループや自治体の範囲内に留まっている状態がこれにあたる。活動によって得られた知見が主体にとっての制度的（生

1. 単独型アプローチ

＊取組みの知見が単一の主体の中に留まっており、他の主体と共有されていない状態

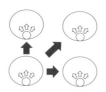

2. モデル転用型アプローチ

＊ある先行事例の取組みがモデルとして認知され、その主体が有する知見が他の主体に転用される形式で共有されている状態

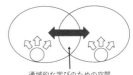

3. 通域的な学びアプローチ

通域的な学びのための空間

＊異なる風土にある主体がそれぞれの取組みをより良くしていくために参照し合う関係性を持ち、双方の知見が「通域的な学びのための空間」を介して交換されたり、新しい知見が共創されたりしている状態

図 4-1　通域的な学びアプローチの概念図

産組合や自治体の範囲など）、或いは慣習的な境界（集落住民や友人・知人の範囲など）の内側に留まっており、他の主体との交流が不在の状態である。

　次に「2. モデル転用型アプローチ」は、ある主体の取組みが先行事例としてモデル化されることで、その主体の知見が他の主体に転用されている状態を示している。同じく農産品の六次産業化の例を用いれば、この状態はある地域の主体が商品開発を通じて一定の売上を上げるなどの結果が出た後に、当該地域をある種の成功事例と捉えた他地域の住民グループや自治体が視察にやってくるような状態である。こうした視察を通じてモデルを習い、自らの活動に取り込んでいくという展開が想定される。このアプローチでは複数の主体間に交流はあるものの、あくまである課題について解決策を見出した主体から、類似した課題を抱える複数の主体に知見が転用されるという一方向のものとなる。こうした特定の主体の方法や経験をモデル化し、成功事例として編集をして、視察を推奨するというやり方が今日の地方創生においては広く普及してきている[4]。

　単独型アプローチとモデル転用型アプローチの違いは、関わる主体の数が単独ではなく複数となって主体間に交流が生じるところにある。こうした交流に際して、それぞれの主体は異なる風土の中に存在するものであり、そこで発想される取組みも個々の文脈に根差したものになるという前提を置いてみると、ならばそこでのコミュニケーションも双方向の対話となり、お互いから学び合うことができると提案するのが「3. 通域的な学びアプローチ」である。このアプローチでは、農産品の六次産業化などの共通課題に取り組んでいる場合でも、一方の成功例を他方が習うだけの関係性は不十分であるとする。それぞれの主体は異なる風土に根差しているのだから、その特徴を反映した現状認識、課題の捉え方や取組み方があり、それらは本質的に異なるはずである。そのことに注意を向けることで、お互いの中に見出す自身との差異から、新しい視点の獲得を目指すというアプローチである。こうした気付きを得るために主体間に「通域的な学びのための空間」（**図4-1**）を設け、「自然環境や社会経済状況が大きく異なるのだから参照しあうことができな

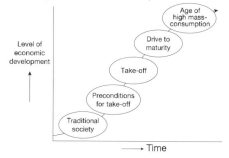

直線的発展史観（進歩史観）
Progressive view of development

- Age of high mass-consumption
- Drive to maturity
- Take-off
- Preconditions for take-off
- Traditional society

Level of economic development →

→ Time

空間的発展史観（風土史観）
Spacially-nested view of development

近代　現代　原始　古代　中世　近世

- 前を壊して次に進む発展史観
- 普遍的な発展のあり方がある

- 前を含んで展開する発展史観
- 異なる地域には異なる発展の姿がある

Source: Rostow, W.W. (1960) *The Stages of Economic Growth: A Non-Communist Manifesto*, Cambridge: Cambridge University Press. after Katie Willis (2011) *Theories and Practices in Development 2nd edition*, Routledge, p. 45.

参考：鶴見和子（1993）『漂泊と定住と―柳田国男の社会変動論』, p.39. *柳田国男による社会変動論（つららモデル）について論じている鶴見和子の議論を基に作図（手書き）。

図4-2　直線的発展史観と空間的発展史観の概念図

い」というような判断を一旦保留し、相手の文脈における考えの道筋に注目する。

　通域的な学びを実現するには、主体同士が双方から学び合う対等な関係性にあるという前提を置くことが極めて重要である。例えば「2. モデル転用型アプローチ」では、ある主体をモデルや成功例として扱うことによって、主体間に上下関係を作り出してしまう。それは、ある主体を先行事例と呼ぶことでその他の主体を意図せずに未だ必要な策が講じられていない後進事例のように位置付けてしまうという構造的な問題でもある。このことは、国際協力の分野における先進国と発展途上国の関係性にも類似している。先進国が国際協力を通じて「発展途上国の人々をエンパワーメントする」というような語りがされるとき、そうした行為自体は人道的な部分を含みながらも、同時に社会の発展や人々の豊かさというものを直線的に捉え、先に発展を遂げた者が後から追いかけて来る者を支援するというような構造を生み出す。このことは、**図4-2**において直線的発展史観として描かれているものであり、こうした視点における発展とは前の状態を壊しながらこれまでよりも良い状

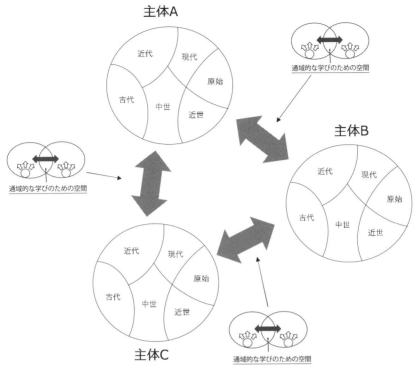

*空間的発展史観（風土史観）のなかで異なる発展のあり方をしてきた複数の主体がお互いを
参照点としながら、自らの自律的な発展を模索するための学び（＝通域的な学び）

図4-3　空間的発展史観のなかで起きる通域的な学びのイメージ図

態になることとされ、同時にどの国や地域にとっても統一の普遍的な「良い
状態」があると想定されている。

　通域的な学びアプローチはこうした視点とは対照的に、それぞれの主体が
異なる風土にありながら多様な価値観に根差して存在すると捉える。こうし
た視点は、**図4-2**の空間的発展史観として描かれているものであり、ある国
や地域はそれまでのあり様を空間的に入れ子のように含んで発展していくと
いう、直線的発展史観とはまったく異なる世界観を提示している。通域的な
学びは、このように主体が属する風土ごとに空間的に発展してきたあり様を
認め、多系的に発展してきた主体同士が出会い、双方向に学び合うなかから、

今後の発展のあり方（より良い状態）を考えるための気付きを得ることを目指している。こうした複数のことなる風土に根差した主体間の学び合いの関係性を概念的に示したものが、**図4-3**である。ここでは空間的発展史観に基づいて個別の発展の仕方をしている主体A～Cの間に「通域的な学びの空間」を構築することができるという考え方を示している。こうした空間的発展史観や個別主体の多形的な発展のあり方は、鶴見和子による柳田国男の社会変動論研究（鶴見1993）や内発的発展論（鶴見・川田1989）のなかでも論じられており、通域的な学びはこうした議論の具体的な実践手法の提案という意味合いもある。

　通常、異なる風土にある主体同士が出会い、学び合うような機会が積極的につくられることは稀である。なぜなら、そのようなことに何かしらのメリットがあるという判断がなかなかされないからである。例えば国際協力におけるコミュニティ開発と国内地方における地域づくりは、課題や取組みにおいて類似点が多いが、それでも途上国と先進国という社会経済状況が大きく異なる社会の主体同士が対等な関係性のなかで学び合えると積極的に捉えられることは少ない。グローバル化が進む世界において常に疎外されてきたという構造的な共通点や（西川ほか2011）、開発経験を翻訳的に適応しながら共有できる相手としての関係性など（前川2000）、双方向に学び合うことができるという議論もあるが（西川ほか2012）、広く認知されているアプローチとは言い難い。

　こうして、異なる風土にある主体同士が出会うことは極めて稀であることから、実際に出会う場合にはこれを「偶然の出会い」と捉えることができるのではないか。九鬼周造はこうした偶然の出会いを「独立なる二元の邂逅」と説明している（九鬼1935）。このような、独立なる二元の偶然の出会いを学びの機会として積極的にデザインすることで、これまで没交渉にあった主体同士をつなぎ、創発を誘引することが通域的な学びアプローチのねらいである。

第5節　通域的な学びの実践

　ここまでSDGs時代における「文脈に応じた創造的なアプローチ」の必要性とそのような方法の1つと考えられる通域的な学びの概要を説明してきた。それではこの通域的な学びは、具体的にどのようにして実践可能なのだろうか。本章では、著者が2017年から行っている秋田県秋田郡五城目町と南アフリカフリーステート州クワクワ地区という2つのコミュニティを往来しながら行ってきた共同研究を紹介する。通域的な学びの実証を兼ねた本研究は、東京大学大学院新領域創成科学研究科サステイナビリティ学教育プログラムが実施機関となり、主に南アフリカのフリーステート大学とケープタウン大学と共同実施したものである[5]。

　本研究では、農山村地域における①若者人口の都市への流出を起因とした地域コミュニティの衰退とそれに伴う地域に対する否定的な感情の発生と、こうした状況と対照的でもある、②都市から地方に移住した若者たちを中心とした地域に根ざした起業活動（ローカル・アントレプレナーシップ）、という2つの事象を同じ課題の表と裏の関係にあるひとまとまりの現象と捉え、これらがどのように関連し合っているのかを明らかにすることを目的としている。

　本研究において秋田とクワクワを対象地域として選定した理由としては、通常の比較研究や国際開発の事業を通じて出会う機会が限りなくない地域を選んでいる。これは「独立なる二元の邂逅」（九鬼1935）を意識したものであり、こうした偶然性の高い異質なものとの出会い（木岡2018）によって、どのような学びが生じるのかについての考察を行うために設定した。こうした邂逅による学は本研究で選定した2地域以外の地域でも設計可能であり、出会う主体が多いほどに学びが豊かになっていくと考えられる。一方で秋田が国内の他の農村地域と出会うことや、クワクワが他のアフリカの農村地域と出会うことは、従来の地方創生や国際開発の場面において起きる

ことが十分に期待され、そこでの主体間の異質性も風土において共通点が多いことから、そうした枠組みのなかで生まれる地域性と領域性の差異は比較的に小さいものになると考えた。本研究では探究的に双方にとって異質性が高いと思われる主体同士を出会わせるということに挑戦している。

　以下では、はじめに両地域の概要を示した上で、共通の現象である若者人口の都市への流出とそれとは対照的な動きであるローカル・アントレプレナーシップについて説明する。その上で、共同研究のチームが秋田とクワァクワァという全く異なる風土にある地域を往来しながら学んだ項目を紹介する。その上で、最後に通域的な学びの効果についての考察を述べる。

1　南アフリカ・クワァクワァ地域の概要

　クワァクワァは南アフリカの領土内にあるレソト王国の北東側に位置する標高1,600 〜 1,800mほどのエリアである。クワァクワァのあるMaluti-A-Phofung行政区はフリーステート州の東側では比較的大きな居住地域であり、人口は約35万人である（Municipalities of South Africa, 2016）同地域はゴールデンゲートハイランズ国立公園に隣接しており、観光開発の高いポテンシャルがあるとされている。Maluti-A-Phofung行政区は初等中等教育に力をいれており、域内に学校数が多く、周辺地域から子どもの教育のために移住してくる世帯が増加傾向にある。一方で失業率は高く、2011年とやや古いデータだが41.8％となっている（Municipalities of South Africa, 2011）。実際には、半数以上の世帯のなかの高齢者が受給している年金や生活保護に頼って暮らしていると言われている。非公式な経済活動や不完全雇用も多く、路上での野菜や食物の販売、洗車や散髪で日銭を稼ぐ住民が多い。生活インフラの面でも整備が遅れており、下水道やごみ処理が未整備な地区も多い。上水道については各屋に水道は通っているものの過去２年以上にわたって通水したことがない。そのため、住民自らが町内会単位で徒歩圏内に共同の井戸を敷設する対応をしているが、多くの地区ではMaluti-A-Phofung行政区が行っている給水サービスに頼っている。この給水サービスは不定期であるため、給水

図4-4　フリーステート州クワァクワァ地域（2018年８月・著者撮影）

南半球にある南アフリカの８月は冬の時期。すり鉢状に広がるクワァクワァの中心エリアでは、冷え込みの厳しい日には暖を取るために燃やされた木材からの煙によって濃いスモッグが発生する。

車が来るという連絡があった場合には住民は水の確保のために仕事、家事、学校などすべての作業を中断する必要がある。連絡のあった日の午前中には、給水車が来る指定の場所には朝から長蛇の列ができ、給水のために３〜４時間かかる。

　クワァクワァの平均気温は15℃前後であり、夏場の最高気温も30℃ほどで過ごしやすい気候である。ただし、冬場は気温１〜２℃から数日は氷点下となって冷え込むことがあるため、住民の多くが倒木を燃やして暖を取っている。このため風のない冬の朝には、クワァクワァの全域にスモッグがかかり、大気汚染が生じることがある（**図4-4**）。クワァクワァは北にヨハネスブルク、南にダーバンという２つの都市が車で３〜４時間ほどの距離にあるため、多くの若者は高校卒業後にこれらの都市へと職を求めて流出する傾向にある。

　クワァクワァは、アパルトヘイト政策下においてアフリカ系の黒人指定居住区（homeland）のひとつであった。1974年に自治領となるが、homelandとしてのステータスはアパルトヘイト政策が終わる1994年まで続いた。フリーステート州の白人の多くは広大な農業のオーナーなど特権階級の出身であり、黒人はこれらの農場で働く労働者階級であった。こうした歴史的背景のため、今日でも白人と黒人の間には様々な格差や上限関係があらゆる場面で

色濃く残っている。住民の8割以上がレソト王国にルーツを持つソト族であり、これらの人々はhomeland時代に州をまたいだ移動が厳しく制限されクワファクワ地域に政策的に閉じ込められた。こうした背景により、地元の住民の間には「クワファクワの外に出たい」という潜在的欲求があり、都市部に出てより豊かな生活を手に入れることを夢見る者が多い。

　先述のとおり、クワファクワの多くの世帯は安定した職についておらず、社会保障に頼って暮らしている。そのため、両親のうちのどちらか、またはその両方がヨハネスブルクに出稼ぎに出ており、定期的にクワファクワに戻る場合や、子どもたちが週末に両親のいる都市部を訪問するという生活スタイルが定着している。幼少期から都市部で出稼ぎをしている親類を通じて都市部とつながっているという意識が作られるため、クワファクワに居住する多くの若者は同地域に対して「いずれ出ていく場所」という認識を持っており、人口流出が常態化している。

　クワファクワでの協力機関であるフリーステート大学は、ブルームフォンテイン（フリーステート州の州都）にメインキャンパスを、クワファクワに第2のキャンパスを持っている。これらはもともと2つの別々の大学であり、ブルームフォンテイン・キャンパスは白人系の大学、クワファクワ・キャンパスは黒人系の大学であった。またお互いに300km以上離れた場所にあるということもあり、物理的にも心理的にも遠い存在となっている。こうした高等教育機関の構造もクワファクワが歴史的に常に疎外化されてきた地域であることを示している。

2　クワファクワ地域でのフィールドワーク

　クワファクワのなかは6つの居住区に分けられており、このうち商業施設などが集中する中心市街地的な位置付けとなっているのは、プタディチャーバ地区である。本研究では、2018年8月から2020年2月の間に4回現地を訪問し、このプタディチャーバ地区にて、合計10名の起業家に対してインタビュー調査を行った。

図4-5　クワァクワァでの起業家へのインタビュー

（左から洗車用の洗剤の製造と販売、学生服の縫製工場、古紙からトイレットペーパーをつくるリサイクル工場の様子）

　はじめに、訪問した12名のうち2名は地域外から安価な労働力を求めてクワァクワァに工場を設けた地域外からの起業家であった。ひとりは古紙から再生紙トイレットペーパーをつくるリサイクル事業を営む中国人オーナーであり、元々はレソト王国にて同事業を行っていた。クワァクワァは地理的にヨハネスブルクとダーバンの両方から古紙を回収しやすいため選んだとのことだった。工場では約100名ほどの従業員がシフト制で就労しており、時給300~400円ほどの賃金が支払われている。もうひとりの事業者はダーバン出身のインド系起業家であり、小学校向けの制服をつくる縫製工場を運営していた。工場では約300名ほどが就労しており、作業はノルマ制で1時間あたりに仕上げる制服の数が決められている。賃金は時給25ランド（約200円）からと低賃金ではあるが、雇用に際して学歴や職歴が求められることはなく、学校を途中で止めてしまった若者や、露店で少額の日銭を稼ぐことで暮らしていた女性もすぐに働くことができる（**図4-5**）。

　その他の10名の起業家はいずれもクワァクワァ出身であり、家具の製造販売、農業・養鶏、革製品の製造、広告業、服飾、フードスタンド、学習塾、語学教師、アーティスト集団のマネイジメント、コーチング、人権保護団体（NPO）の運営など、多様な分野で事業を行っている。彼らのいずれにとってもが起業は生活していくための手段であると同時に、クワァクワァが抱える課題に解決策を示したり、地域に対する愛着や誇りの醸成という社会的な

ミッションを持っている。

　例えば洗車用洗剤の製造販売をしている起業家の場合は、彼がクワクワ
ァで生活をするなかで、洗車で日銭を稼いでいる労働者が、洗車のたびに大
量の水と洗剤を使い、その排水がそのまま垂れ流しになっていることによる
環境汚染を長年気にかけていた。普段は教会の牧師を務めている彼は教会の
ネットワークを活用して、環境負荷が少なく、より少量の水で洗車ができる
洗剤を開発する。ボトル１本あたりの価格は一般に流通している洗剤よりも
高額だが、従来１台の洗車に１本の洗剤を使用していたところに彼の開発し
た洗剤であれば１本で３台の洗車ができる。このため洗車を仕事とする者に
大変喜ばれており、販売も順調に伸びている。彼自身には洗剤の開発や販売
に関する知識はないものの、教会を通じて広く地域のネットワークにつなが
っていることによって、事業に必要な資源や技術を得ていた。加えて、事業
をはじめるための資金も教会のネットワークを活用している。彼が事業を始
めるにあたっては、社会関係資本がほぼ唯一の資源であったと同時に、当該
地域において事業を成功させるためになくてはならないものであった。

　その他の都市部のビジネスオーナー向けにコーチング事業を行う起業家の
場合には、クワクワァのアーティスト集団や語学教師と連携しながら、ソト
族の言語や伝統衣装などを活用した地域ブランディングに取り組んでいる。
この活動に特徴的なことは、活動に参加している20〜40歳代のメンバーの
ほぼ全員がヨハネスブルクやブルームフォンテンなどの都市部で数年間暮ら
した経験を有することである。彼らの経験に共通するのが、高い失業率のな
かで安定した職に付くことができず、インフォーマルな労働でなんとか日々
を暮らしたということである。クワクワァを出ていくときには「仕事も生
活環境もより良いものはすべて都市にある（ここにはない）」と思って出て
行ったものの、都市での暮らしは体力的にも精神的にも厳しいものとなる。
やがて都市での生活が成り立たなくなった頃に失望感を抱きながらクワクワ
ァに戻るのだが、このタイミングで彼らは都市での就労や暮らしの経験が
あるからこそ気が付くことができる地域資源を生かした事業案や地域コミュ

ニティのより良いあり方を考えつき、その実現のために行動する。こうした過程こそがまさにアントレプレナーシップであり、既にあらゆる人材とサービスで溢れた都市において彼らが発揮できなかった能力である。彼らの多くがこうした地域の再定義を経ながら起業し、地域の魅力を発信することにも積極的に関わりはじめている。さらに、こうした活動を通じてクワァクワァという地域に強い愛着をもった次世代を育てることにも高い関心を持っている。

　このように、比較的若い世代の起業家はクワァクワァのことを否定的に捉えているわけではなく、むしろこれから起業を通じて開拓していくべきポテンシャルに溢れた地域であると考えている。しかし、こうした考え方は地域のなかではまだまだ少数派の意見である。起業家への聞き取りに加えて、フリーステート大学クワァクワァキャンパスの学生グループに対して、クワァクワァに対して思っていること、大学を卒業したあとの計画、将来的な夢、他地域に移住している家族や知り合いとのつながり、などについて聞いた。彼らのほぼ全員が大学を卒業したあとは、ヨハネスブルクやダーバンなどの都市で働きたいと考えているが、同時に就職先を見つけることがとても難しいと今から心配をしていた。クワァクワァに対する愛着はあり、地域コミュニティとの心理的つながりも強いと話す一方で、そのような思いとは対照的に、仕事や教育のことを考えると都市に出たいと強く願っていると話していた。先の起業家たちのようにクワァクワァを再定義してポジティブに捉える認識は、地域の若者たちにはまだ広がっていないことが確認できた。

3　日本・秋田県南秋田郡五城目町の概要

　全国的な人口減少・高齢化のなかにあって、秋田県は全国で最も人口減少率と高齢化率の高い県である。こうした秋田県のなかで五城目町は、2010年（平成22年）3月までに市町村合併特例新法に基づく市町村合併（平成の大合併）をせず、単独立町を進めている町である。五城目町は秋田県の県央地区、干拓により大潟村がつくられた八郎潟湖と男鹿半島の東側、天然の秋田

杉やマタギ文化で知られる阿仁・森吉山地域の西側に位置する。こうした位置関係のため、海側からの水産物と山側からの木材や狩猟品が集まり、約530年前から続く朝市の町として知られている。主な土地利用は水田と畑作であるが、世帯の収入はサービス業分野からが主で、農業を営む世帯は主に兼業農家である。

　町の人口は令和3年7月時点で8,693人である。昭和35年の約2万人をピークに人口減少が続いてきており、2015年以降は1万人を下回っている。高齢化も進んでおり、総人口に占める65歳以上人口の割合は、昭和55年時点では12.5％（うち75歳以上は4.0％）であったが、令和2年には46.7％（うち75歳以上は25.7％）まで上昇してきている。

　このように過疎高齢化が進んでいる五城目町だが、2013年より旧馬場目小学校の建物を利用して、五城目町地域活性化支援センター（通称：BABAME BASE）を開設し、内外から農山村地域に拠点を構えたいという民間企業や組織を呼び込んでいる。開設前後のタイミングで町に移住した教育分野の起業家と3名の地域おこし協力隊が活動を始めたことをきっかけに、彼らの都市圏での前職のつながりを通じて町に視察に訪れる人々が少しずつ増え始める。同時期に築135年の茅葺き古民家を拠点に「年貢を払って村民になる」というシェアビレッジ町村プロジェクトがはじまる。この古民家には宿泊することも可能で、これまで町とつながりを持っていなかった町外や県外の人たちが、ここを拠点に町とつながることができるようになった。こうした流れのなかで2015年頃までには、ウェブデザイン、人材育成・研修事業、教育事業、エコツーリズムを展開する法人がBABAME BASEに入居していた。加えて、町に移住してきた起業家や彼らの活動に刺激を受けた町の住民が、カフェを始めたり、朝市にてイベントを主催したり、新しい農産物の加工販売したり、というような動きが生まれはじめた。

　こうした起業や地域づくりの動きは町が直面している過疎高齢化の傾向を変えるような規模のものではないが、町での日々の暮らしをより良いもの、豊かなもの、楽しいものにしていこうという気持ちを大切にするということ

と、そうした思いを実際の行動に移すという習慣を住民の間に徐々に定着させていった。五城目町のこうした動きについて書いている著者もこうした動きに触発されたひとりであり、2021年3月よりBABAME BASEにオフィスを構えており、この原稿もそこで執筆している。

4　五城目町でのフィールドワーク

　クワァクワァでの調査と並行して、共同研究チームは2017年から2019年まで五城目町でも起業家に対するインタビュー調査を行ってきている。2020年以降も継続して実施の予定であったが、新型コロナ感染症蔓延の影響で残念ながら延期となっている。この調査の中では、他地域から同町に移住してきた6名を主たる対象としている。五城目町での調査は共同研究であると同時に東京大学GPSSの大学院生が質的研究手法を学ぶための演習科目としても実施してきている。海外からの参加者にとっては言語の問題もあるため、これらの大学院生が起業家への聞き取りを行い、研究チームの日本人メンバーが同時通訳を担当した（図4-6）。

　インタビューをした起業家の共通点としては、時期の長さには違いがあるものの都市圏で生活した経験があり、かつ民間企業での複数年の就労経験がある。それぞれ異なる分野で事業を行っているが、彼らのいずれもが長年構想してきたアイデアを実現する場として五城目町を選んでおり、自己実現や創造性を発揮する手段として起業を用いていた。

　例えば、朝市が立つ通りの入口にあった空き店舗を改修して「いちカフェ」というカフェを開業した起業家の場合には、町の誰もが気軽に集まり、自分たちが暮らすこの町をより面白くする企てをわいわい話し合えるような場所をつくりたいという思いを持っていた。いちカフェは人が集まる場所をつくるためにランチやコーヒーを提供しており、経営面から売上が重要なことはもちろんであるが、それ以上にオーナーは、ここ数年で五城目町に移住してきた人たちと町の人たちが出会う機会を創り出すことを大切にしている。なぜならば、そうして町の外から来た人たちのアイデアや考え方と町に長く暮

図4-6　共同研究チームによる五城目町でのフィールドワークの様子

（左：ものかたりオーナーへのインタビュー、中央：いちカフェオーナーへのインタ
ビュー、右：地元の農家さんへの視察）

らしてきた人たちの思いが一緒になることで、これから町がより面白くなる
ためのアイデアを構想できると考えているからである。こうした目的の実現
と同時に、いちカフェについてもう一つ重要なことは、子育て中のオーナー
が時間的にも体力的にも無理のない範囲で運営されているという点である。
子どもの行事があるとき、町外からの訪問者があったとき、オーナーが参加
したいイベントなどがあったときは、店舗は閉まっている。こうして、オー
ナーの生活スタイルに合わせて呼吸するようにオープンしたりクローズした
りしながら、彼女自身の生活の延長線上で運営されている。

　他の例としては、空家を改修した「ものかたり」というアートスペースのオー
ナーの場合には、自身の創造性を実現するための手段としての起業という
意味合いが強い。このオーナーは五城目町の出身だが、大学進学をきっかけ
に首都圏に転出した。そのあと京都の美術大学にて修士課程を修了し、教育
分野の民間企業にてアートスペースの運営に携わる。2015年に町に戻り、空
家となっていた家屋を借り受けて改修をはじめ、2016年より「ものかたり」
をオープンさせている。このアートスペースは「何かよくわからないものを
受け入れるスペース」としてつくられている。このことは、人口の減少フェ
ーズにある社会の抱える課題を端的に示している。オーナーの話によると、
人口減少により町が縮退していくと、外部から訪問者があったときにも彼ら
が町に留まれる場所がなくなっていく。住民とは異なる経験や知識を持った

人々が町のなかに留まる余白がなければ、町の次の展開を考えるときのヒントになる視点や経験を外部から取り込むことができない。前職の経験からアーティストは独自の目線で世界を見ている人たちであるということを知っていたオーナーは、町にとって異質なものを取り入れるための装置として、アートスペースを町の中心部に設けることにした。こうして、自身の考えを実現すると同時に、町が創造性を保てるような仕掛けとして「ものかたり」を運営している。

BOX　ものかたり 〜 アートスペースと地域の関わり
アートスペースものかたり　小熊 隆博

　ものかたりは、秋田県南秋田郡五城目町の中心部にあるアートスペースである。オーナーの小熊隆博さんは、香川県直島町にてアート教育事業に携わった経験を有し、この事業にて、直島という小さな地域がアートを通じて変容していく様子を目の当たりにした。小熊さんは、自身の故郷である五城目町にて、同じようなアートと地域の関係をつくることに関心を持ち、家族と一緒に2015年にUターン移住した。

　ものかたりは空家を改修してつくられており、作品展示のスペースと小上がりのついた絵本展示のスペースで構成される。この空間では作品の展示だけでなく、制作や住民向けのワークショップなどでも活用されている。

　ものかたりは、しばしば、人口減少が進む地方自治体における空家利活用の事例と捉えられてしまうが、これは表面的な理解に過ぎない。小熊さんは、ものかたりを「地域の外から異質なものを取り込むための装置」と表現している。

　これは、地域外から町に関心を持った人たちが、外部から訪問することができる場であるということを意味する。同時に、ものかたりはアートスペースであるために、必然的にアートや教育に関わる人々が多く地域に訪れるきっかけになっている。彼らが持つユニークな視点が、ものかたりを通じて町に入り込む。こうしたことをきっかけに、従来町になかった、町にとっては異質な視点を外部から取り込むことができ、その結果として人々の考え方が徐々に変化していく。

　こうしたことは長い時間をかけて起きるものであるため、小熊さんは、ものかたりを、ゆるやかに起きる町の変化を観察する場としても捉えている。

　このように、地域外に開かれており、多様な人々との出会いを偶発的に生み出す装置というものかたりは、本章で紹介している通域的な学びと親和性が高い。実際に異なる地域から来た人々が出会ったとしても、その出会いを機会と捉え、学び合う関係性を構築することは、なかなかにハードルが高い作業である。そのため、そうした「地域にとって異質なものとの出会いのそれ自体に何かしらの意味があり、地域にとって意味のあるつながりになるのだ」ということを了解して

いる場の存在は、通域的な学びが生まれやすい環境をもたらしてくれる。ものがたりは、これからも五城目町という地域に学びの機会を取り込み続けてくれるだろう。

第6節　通域的な学びの内容

　こうして、共同研究チームは南ア・クワクワァと日本・五城目町にて、ローカルアントレプレナーシップに関するフィールドワークを2017年より積み重ねてきた。フィールドワークの実施期間中は、ひとつずつのインタビューの直後と、日々の調査日程が終わったあとに全体で振り返りを行った。この中で個別のインタビューの結果を確認すると同時に、参加者の専門分野や熟知している現場を参照しながら気が付いたことを共有した。このときに、**図4-1**で示されている「通域的な学びの場」が現れ、この空間において他の参加者の解釈や気付きに触れることで自身が普段慣れ親しんでいる認識論がずらされ、新しい視点の獲得につながっていったと考えている。

　こうした場面での学びの具体例としては、例えば南アフリカ側の研究者からは、日本の文脈におけるルーラリティ（rurality：農村地域の特徴）に関する問いが示された。南アフリカにて「農村地域（rural areas)」という言葉が使われるとき、そこには都市部に比べてインフラ、ICT、教育などが十分に行き渡っていないなどの低開発のニュアンスを含む。そのため、アントレプレナーシップが議論される際にも、そうした低開発な農村地域がほぼ無意識のうちに前提としてあり、そうした状況においての生存戦略としての起業、または社会課題に対応するためのソーシャルビジネスの意味合いが自然と強くなる。一方で日本の場合には生活環境や経済活動、公共サービスについて都市の農村の間で顕著な違いがなく、インタビューをした起業家の全員が人口減少・高齢化という地域課題への対応を起業の目的にはしていなかった。むしろ、日本の文脈での農村地域（rural areas）は、「個人として持っているビジョンや創造性を都市部よりもより自由に発揮できる場」というニュアンスがある。南アフリカ側からの参加者は、アントレプレナーシップが

そのような解釈で検討されうるということに気が付き、自身の側の現場における起業活動をこうした視点から再解釈できるのではないか、という議論が展開された。こうした知見共有のプロセスが、共同研究のチームとして最も深い学びが生まれた瞬間であった。

　同様に日本側からの参加者がクワクワでのフィールドワークを通じて得た学びも多数あった。人種、民族、言語の多様性やジェンダーの平等に関する視点など、南アフリカという社会が持っている特徴もたくさんの気付きをもたらしてくれたが、クワクワという現場を持っていたからこその学びとしては、ローカルアントレプレナーシップを通じた地域への愛着や誇りの醸成という展開である。失業率の高い都市部で数年間を過ごすという経験を通じて、出て行くときには仕事や教育をはじめ様々な機会がないと思っていたクワクワが、実はたくさんの可能性を秘めており、彼らはそれらを活用して事業を起こしていた。こうした過程を通じて「良い暮らしは外にある（ここにはない）」という地域に対して持っていた否定的な印象が徐々に再定義され、やがて自分たちのルーツであるソト族の民族文化を活用して地域ブランディングに取り組むようになる。こうした活動を通じて地域住民にもクワクワに対する愛着や誇りという感覚を持ってもらえるような活動を展開していた。都市部に対する漠然とした憧れのような感覚とそれゆえの地元に対する否定的な視点は、秋田を含む日本の地方・農山村地域にも存在する。こうした類似する都市と地方の関係性に対してクワクワの起業家のように集団として働きかけるような動きは、五城目町側にはまだ見られない。フィールドワークを通じて見てきた五城目町でのローカルアントレプレナーシップは、あくまで個人の自己実現や創造性の表現であり、集団として何かしらのまとまりをつくり、そこに地域への愛着や誇りといった感覚を醸成するような意図は見られない。個々人がそれぞれに思い描くものを実現していくために、むしろそのようなまとまりを生み出すような動きは積極的に回避されてきたような側面もある。こうした動きが必ずしも必要と考えられてないという状況があることを認めつつ、同時にローカルアントレプレナー

シップがそうした集団としてのビジョンを生み出す機能を有するということを、クワァクワァ側とつながることで通域的に学ぶことができた。

第7節　おわりに：通域的な学びの効果に関する考察

　本章の目的は、異なる風土にある主体が学び合う「通域的な学び」というアプローチを紹介することであった。前節にて実際の共同研究にて参加者に起きた通域的な学びの内容を見てきた。ここで起きた学びは、先進事例や比較分析などから得る学びとはどのように異なるのだろうか。そして、通域的な学びにはどのような効果があるのだろうか。これらの点について、著者の考察を述べて本章を終えることにしたい。

　はじめに、通域的な学びが前提としている世界観に依拠する結果の違いについて述べておきたい。図4-7は、通域的な学びを通じてある主体がどのようにその学びを受けて変化していくのかということについて、2つのパターンを概念的に示したものである。ここでは、AとBという2つの主体が1つの空間でどのような態度で出会い、どういった方向性で変化をしていくのかを、「共存から統合」と「併存から変容」で示している。図4-7のなかでAとBが存在する空間は、本章の場合にはクワァクワァと五城目町という2つの

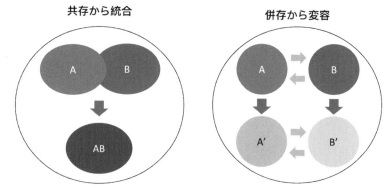

図4-7　「共存から統合」と「併存から変容」の概念図

地域を往来しながら行ったローカルアントレプレナーシップの共同研究が該当し、AとBはそれぞれ、南アフリカ側と日本側から参加した研究メンバーということになる。AとBとして示されている主体は、それぞれ所属する個別の風土に影響を受けながら存在し、普段から慣れ親しんだ特定の認識論を有する。

　図の左側、「共存から統合」は、AとBという異なる特徴を持った主体が同じ空間のなかにあり、お互いに出会って相互の違いを認め、そうした違いを自身のなかに取り込みながら、徐々に同じ方向性に向かうための調和を取っていく状態を示している。こうした調和に向かう働きが進んでいくと、やがてAとBは双方に同じ空間のなかで共存するという目的にむかってお互いを取り込んでゆき、やがてABという統合された存在に向かう。これはAとBという二元の状態から、ABという一元に統合されていく過程を現している。例えば環境問題についての議論のなかでの「人間と自然の共生」や、外国人労働者が増加傾向にある日本社会についての議論のなかでの「多文化共生」など、「共生」という概念が強調されることが近年多い。こうしたときの「共生」が示すものは、2つ以上の異なる特性を持った主体同士が、相互理解を経て他方を自身の内側に取り込みながら、1つの統合された主体に変化していく（一元化していく）ことであり、対立から共存へと転換していく世界観である。異なる分野に属する主体が共通の目標に向けて「協働（collaboration）」していく際には、ここで示されているような態度、および認識論の変化が求められているのではないだろうか。著者自身はこのような「共生から統合」というアプローチは、協働のひとつの方法であると考える一方、唯一の方法ではないと考えている。

　こうした見方とは対照的に、著者が主張する通域的な学びは異なる主体の変化のあり方を提示している。それを概念的に示しているのが**図4-7右側**の「併存から変容」である。ここでは、AとBはある空間に同時に存在するが、「共存から統合」で示されているような調和を介さず、ゆえに統合を目指さない。AとBはあくまで独立した主体として同じ空間に併存し、その前提を維持す

ることで双方にとって異質な存在として出会い、対等な関係性の上でお互い
の中に見出す自身との違いから学び合う。こうした経験を経て、AとBはそ
れぞれにA'とB'へと変容していく。こうした変容が起きた後にもお互いを、
自身の次の発展のあり方を考えていくときに更に学びを得る参照点いう関係
性が継続していく。

　「併存から変容」で示していることは、それぞれの主体が異なる風土にあ
るがゆえに可能なそれぞれに固有の次展開を期待し、その結果として多系的
発展が起きていくという世界観である。別の言い方をすれば、AとBという
二元がそれぞれに独立の主体として存在するが、それらが没交渉な状態に留
まったり、統合して一元になるのではなく、自らの独立した主体としてのあ
り方を保持したまま主体的に変容していくためのきっかけを異なる風土にあ
る相手のなかに見出していくというアプローチとも言える。

　本章では、多元的な世界観を前提とする「SDGs時代」における「文脈に
応じた創造的なアプローチ」のひとつとして、通域的な学びという方法論を
紹介してきた。抽象的な内容が多く、読者を混乱させる部分があったかもし
れないが、残念ながら現在のところまでの実際の事例は著者を含む共同研究
チームと共に2018年度より行ってきたクワァクワァと五城目町の間での共同
研究が唯一の実証研究となっている。通域的な学びが目指すところに共感し
て下さる研究者や実践者が現れ、それぞれの現場にてこの方法論の実証研究
が広まっていくことを心より願っている。また、現行の共同研究の参加者は
研究者に限られているため、現場で行動する人々の知見が重要なテーマであ
るにも関わらず、そこに直接的に接続する学びを提供できていない。今後は
ローカルアントレプレナーシップを体現している起業家や地域づくり・コミ
ュニティ開発をリードしている住民などの実践者が実際に双方向に往来をし
たときに、どのような学びが生まれるのかについて把握する必要がある。そ
の段においては、それぞれの異なる風土にある地域の文脈に柔軟に対応でき
る創造的な評価が求められる。新型コロナ感染症蔓延の影響を受けて残念な
がらこうした構想は長く保留とならざるをえない状況であるが、本章を通じ

112

てひとりでも多くの方に通域的な学びという方法論が目指す世界観について
関心を持って頂けたら幸いである。

注

（1）一般的には「欲求」が「ニーズ」の和訳として用いられるが、ここでの「ニーズ」には、日本語の「欲求」が意味する生命活動に必要な最低限の項目よりも広い意味合いがある。持続可能な開発の文脈においては教育やジェンダーの平等など、生活の質（Quality of Life）に関連する項目が含まれるため、「ニーズ」としている。外務省ホームページ：

https://www.mofa.go.jp/mofaj/gaiko/kankyo/sogo/kaihatsu.html

（2）Online Etymology Dictionaryにて「サステイナビリティ（sustainability）」を検索すると、動詞の「sustain（持続する）」の語源が説明される。その内容は以下のとおりである。sustain（v.）: c. 1300, "give support to," from stem of Old French *sostenir* "hold up, bear; suffer, endure"（13c.）, from Latin *sustinere* "hold up, hold upright; furnish with means of support; bear, undergo, endure," from assimilated form of *sub* up from below"（see **sub-**）+*tenere* "to hold," from PIE root *ten- "to stretch." Meaning "continue, keep up"（an action, etc.）is from early 14c. Sense of "endure without failing or yielding "is from c. 1400. Related: *Sustained*; *sustaining*." Retrieved from https://www.etymonline.com/search?q=sustain（2021 August 10）

（3）風土学については、オギュスタン・ベルク・川勝平太（2019）『ベルク「風土学」とはなにか・近代「知性」の超克』、地理哲学における邂逅や出会いについての議論については、木岡伸夫（2017）『邂逅の論理・〈縁〉の結ぶ世界へ』や（2019）『〈あいだ〉を開く・レンマの地平』にて詳述されている。

（4）例えば、一般財団法人地域活性化センター（https://www.jcrd.jp/）は、地方創生の事例集を刊行したり、セミナー・研修を通じて全国の先行事例を普及させる活動を積極的に行っている。

（5）本共同研究は、国連大学高等研究所がアフリカ開発銀行からの資金拠出を受けて実施した『アフリカの持続可能な開発のための教育（ESDA: Education for Sustainable Development in Africa）』（2009年3月〜2018年3月）と、日本学術振興会のアジア・アフリカ拠点形成事業『サステイナビリティ課題の解決に向けた社会デザイン研究の拠点形成』（平成30年度採択課題）のなかで実施された。

参考文献

Haider, L.J., Hentati-Sundberg, J., Giusti, M. et al. The undisciplinary journey:

early-career perspectives in sustainability science. Sustain Sci 13, pp.191-204 (2018). https://doi.org/10.1007/s11625-017-0445-1

Kudo, S., Allasiw, D. I., Omi, K., & Hansen, M. (2020). Translocal learning approach: A new form of collective learning for sustainability. *Resources, Environment and Sustainability, 2*, 100009. https://doi.org/https://doi.org/10.1016/j.resenv.2020.100009

Kudo, S., Allasiw, D., Omi, K., & Hansen, M. (2019). Translocal learning approach: facilitating knowledge exchanges across communities with different localities. *African Education Research Journal, 10* (1), pp.53-66.

Kudo, S., & Mino, T. (2019). Introduction to Framing in Sustainability Science. In T. Mino & S. Kudo (Eds.), *Framing in Sustainability Science*. Tokyo: Springer.

Mino, T., & Kudo, S. (Eds.). (2020). *Framing in Sustainability Science*. Singapore: Springer. https://doi.org/https://doi.org/10.1007/978-981-13-9061-6

Municipalities of South Africa. (2011). Maluti-A-Phofund Local Municipality. Retrieved August 15, 2021, from https://municipalities.co.za/demographic/1051/maluti-a-phofung-local-municipality

Scriven, M. (1991). Evaluation thesaurus (4th ed.), CA: Sage publications.

WCED. (1987). *Our Common Future*. Oxford: Oxford University Press.

オギュスタン・ベルク, 川勝平太 (2019)『ベルク「風土学」とはなにか・近代「知性」の超克』藤原書店。

木岡伸夫 (2018)『〈出会い〉の風土学・対話へのいざない』幻冬舎。

九鬼周造 (1935)『偶然性の問題』岩波書店。

西川潤, 下村恭民, 高橋基樹, 野田真里編 (2001)『開発を問い直す』日本評論社。

西川芳昭, 木全洋一郎, 辰巳佳寿子編 (2012)『国境をこえた地域づくり：グローカルな絆が生まれた瞬間』新評論。

前川啓治 (2000)『開発の人類学――文化接合から翻訳的適応へ』新曜社。

鶴見和子 (1993)『漂泊と定住と- 柳田国男の社会変動論』ちくま学芸文庫。

鶴見和子, 川田侃 (1989)『内発的発展論』東京大学出版。

第5章

発展的評価を日本の文脈で考える

マイケル・クイン・パットン

翻訳　長尾 眞文・今田 克司

はじめに

　発展的評価（Developmental Evaluation：DE）は、ソーシャル・イノベーター[1]やその資金提供者および支援者に評価情報やフィードバックを提供し、複雑でダイナミックな環境における変革の取り組みが適切に発展するよう支援するための評価である。DEは、評価設問を提供し、評価論理を適用し、評価データを収集・報告することによって、時宜に適ったフィードバックを提供し、革新的なプロジェクトやプログラム、イニシアチブ、製品、組織の開発を支援したり、システムに変化をもたらすための取り組みを支援する。

第1節　発展的評価の守備範囲

　DEが守備範囲とするのは、ソーシャル・イノベーターが活動している分野であり、複雑でダイナミックな環境におけるイノベーションの評価である。ここでいうイノベーションとは、難解な問題に対して新しいアプローチを創造することや、変化する状況にプログラムを適応させること、効果的なプリンシプルを別の新しい文脈に適用すること（スケーリング・イノベーション：

Key Word：適応、文化的文脈、実用重視、複雑性、学習
　　　　　（addaption, cultural relevance, utilization, complexity, learning）

第6章参照）、システム変革の触媒となって変革を促進すること、危機的状況下で迅速な対応を図ることなどを含む広い意味の概念である。ソーシャル・イノベーションは、本質的にダイナミックかつ複雑で、しばしば激動する社会システムの中で展開される。これはすなわち、ソーシャル・イノベーターが、複雑な状況のなかで自分たちの取り組みをうまく変化に適応させていかなければならないということを意味する。ソーシャル・イノベーションの資金提供者も、複雑なシステムにおけるイノベーションのダイナミックで不確実な性質に合わせて、柔軟性と適応性を持つ必要がある。DE評価者は、イノベーションのプロセスと結果の両方を追跡し、文書化し、改革と適応の本質とそこから得られる示唆を解釈する手助けをし、さらに継続的に変化し続けるイノベーションのプロセスに必要な情報を提供するための教訓や示唆を引き出す支援を行う。同時にこれは、ソーシャル・イノベーションの資金提供者や支援者に対する説明責任を果たすことにもなり、また、社会課題解決の方策そのものが進化していく中で、資金提供者たちの支援がいかに新たな課題解決に貢献しているかを理解してもらうことにも役立つ。ソーシャル・イノベーターたちは、変化のプロセスに実際に身を投じるなかで、知らぬ間に問題に対処したり、異なる戦略を試行錯誤してみたり、目標を達成するために並々ならぬ努力をしたりするものだが、それはその取り組みに従事する前には分からなかったことであり、自ら学んだことの結果として、進化し続けるものである。DE評価者は、ソーシャル・イノベーションの進展に伴走しながら、次々に出現する問題や新たな戦略、その都度変化する目標を見失わないよう支援する。複雑な問題に対してソーシャル・イノベーターが生み出す創発的・創造的・適応的な介入は、単なる「改善」とは異なる「発展」をもたらすほどの重要性があり[2]、これこそがDEの守備範囲なのである。

　従来の評価アプローチでは、明確で、具体的で、測定可能な成果が求められ、それらは直線的な論理モデルで記述されたプロセスによって達成されると考えられてきた。このような伝統的な評価では、前もって決められた具体的な計画やゴールが求められるが、イノベーション、探求、不確実性、社会

的動揺、創発といった、事前に予測ができない状況下ではこのような評価は機能しない。実際、機が熟す前に計画やゴールを具体化しようとすることは、ときにソーシャル・イノベーターから抵抗を受けることがある。そのような時期尚早な具体化は、探求や適応を制限し、実験の選択肢を減らし、硬直したモデルを早々に採用することを強要することで、イノベーターの反感を買ってきた。それが良い評価であるという定説に従い、評価者や資金提供者、その他のステイクホルダーがその遵守を要求しているためで、本当にその具体的なモデルが適切だから推奨しているのではない。DEは、こういった状況下で、ソーシャル・イノベーターが従来の評価を批判し、自分たちの活動を適切に評価する新たな方法を求めるなかで生まれたものである。

　DEでは、評価的思考が随所に盛り込まれている。本質、値打ち、意義⁽³⁾、意味、革新性、有効性などの判断（またはその他の判断基準）が、継続的に適応的イノベーションをもたらす。このような評価の判断は、ある一定の期間（例えば、3年間の助成金）の終了時だけではなく、継続的かつタイムリーに行われる。また、評価の結論は、評価者が単独で出すものではない。DEは協力的で双方向的なプロセスなのである。実用に焦点を当て、情報の特定の意味や重要性を事前に決定することが難しい複雑なダイナミックシステムの中でDEが展開されるため、浮かび上がってきた知見に意味を持たせるには、DE評価者が、ソーシャル・イノベーター、資金提供者、擁護者、変革者、システム変更支援者と「協働」によってデータのパターンを解釈する必要がある。この経験則を重視した相互作用を通して、DEは革新的なプロセスに不可欠なものとなる。

第2節　アカウンタビリティと発展的評価

　従来のアカウンタビリティは、計画が承認された通りに実施されているか、資金が承認された予算や規則に従って使用されているか、所定の成果が達成されているかを判断するものであった。これは、計画、実行、評価に対する

117

コマンド&コントロールのアプローチである。このようなアプローチでは、実施者がコントロールできる、計画の基礎となる前提条件が実施中に変化しないことが想定されている。コマンド&コントロールが唱えるのは「仕事を計画し、計画を実行せよ」である。このような説明責任に対するアプローチは、静的で機械的なものであり、硬直性、狭義のコンプライアンス精神、リスク回避につながり、これらすべてはイノベーションを阻害してしまう。

　一方、DEでは、ビジョンに基づいた説明責任、継続的な状況分析、学習、適応を重視する。複雑なシステムは乱流のように予測不可能であり、ダイナミックである。複雑さに対処するには、応答性、敏捷性、柔軟性が必要となる。DEが唱えるのは「行動し、反応し、対話し、適応せよ。教訓を得よ。適応能力を高め、深めよ」である。DE評価者は、ソーシャル・イノベーターがビジョンを策定し、イノベーションの指針となる価値観やプリンシプル[4]を明らかにし、継続的な状況分析に取り組み、学んだことに応じて進路を変更し、進化、革新、発見、学習、適応することを支援する。

第3節　アダプティブ・マネジメントと発展的評価

　Rogers & Macfarlan（2020）は、アダプティブ・マネジメントのためのモニタリングと評価についての重要かつ洞察に満ちた分析の中で、「優れたマネジメント」は意思決定と行動のために情報を使用すると述べている。データに基づいた日常的なマネジメントを超えて、「アダプティブ・マネジメントは、継続的な不確実性の条件下で、必要に応じて学習し適応するために、意図的に行動を起こすことである」（p.1）とされる。急速に変化する環境の中で、迅速な適応は現代のマネジメントにとって重要な課題の一つである。ダイナミックな不確実性にうまく対処するためには、対応の基礎となる継続的な状況分析が鍵となる。アダプティブ・マネジメントのコンサルタントは、介入する前にシステムをしばらく観察し、その自然な傾向を見極めることを勧める。また、システムがどのように反応するかを知るために、小規模な試

みを行うこともある。システムの外に立って観察するのではなく、相互作用を通して学ぶことに重点を置いている。

　これは、「不確実性と複雑性に対応するためのパラダイムシフト」を構成するものである（Rogers & Macfarlan, 2020, p.1）。このパラダイムシフトは、マネジメントと評価の両方に当てはまる。伝統的なマネジメントが唱えるのは、「仕事を計画し、計画を実行せよ」である。これに対応する評価の説明責任の質問は「プログラムはその計画を完全に実行したか」となる。これはコマンド＆コントロールのパラダイムであり、詳細な計画を立てれば望ましい結果が得られると考えられている。パラダイムシフトのためには、計画が硬直したロードマップとなり、状況の変化に対応できなくなる可能性があること、また、従来の評価アカウンタビリティの要求は、計画が当初策定され承認された通りに忠実に実行されるべきであるという期待を強いることで、その硬直性を強化するものであることを認識する必要がある。このような説明責任のパラダイムの下では、計画された活動や成果が達成されなかった場合は失敗となり、出現した機会を活用するための適応はミッションドリフト[(5)]となってしまう。

　視点のパラダイムシフトには、特に激動するダイナミックな状況では、計画を立てても到達できる場所は限られているという認識が含まれる。確かに、Rogers & Macfarlan（2020）は、アダプティブ・マネジメントを「利用可能な証拠を利用せず、後から計画を調整しなければならないような不適切な計画を弁解する手段として使用すべきでもない」と付け加えている（p.1）。しかし、複雑な問題には、「直面している課題や介入策が新規で未検証であり、特定の文脈で何が機能するかの証拠がほとんどないような（中略）文脈に応じた学習」が必要である（Ramalingam, Wild & Buffardi, 2019）。

　　アダプティブ・マネジメントをサポートするために、モニタリングと評価は、そもそも想定されている評価の用途と、その用途を満たす方策が状況に応じてどのように変化するかを明確にする必要がある（中略）。

従来、モニタリングと評価のニーズは、プロセスの最初に特定され、モニタリング・評価計画を立てるために活用され、これに従いモニタリング・評価計画が実施されてきた。アダプティブ・マネジメントのためには、様々なステイクホルダーの多様なニーズを特定し、何を優先させるかを交渉し、進捗状況やニーズの変化に応じて合意した優先順位を見直すという、体系的かつ反復的なプロセスが必要である。(Rogers & Macfarlan, 2020, pp.3-4)。

　評価の主な想定利用者が適応性のあるフィードバックに基づいてどのように行動するかは、関係する適応の性質とレベルに依存する。「既存の活動の実施を改善したり、同じ全体的な戦略のために異なる活動を実施したりするという意味での適応型マネジメントは、現場の監督者やプロジェクトマネージャーなど、あらゆるレベルのマネージャーが実施することができる。しかし、戦略や目的の変更を伴う適応には、どのプロジェクトに投資するかを決定する人など、より高いレベルの管理者の関与が必要になると考えられる」(Rogers & Macfarlan, 2020, p.6)。

　アダプティブ・マネジメントの文献はプログラムや戦略の適応に焦点を当てているが、DEから考えると、アダプティブ・マネジメントは評価にも当てはまる。評価もまたマネジメントの対象となる。効果的な評価マネジメントは、卓越した評価を行うための重要な能力の一つである（AEA, 2018)。実用重視の評価では「能動−反応−相互作用−適応」が効果的に行われる必要があり、これがDEに適用されるアダプティブ・マネジメントである。

第4節　パンデミックの文脈における発展的評価

　2020年のパンデミックの初期に、私は、『コロナウイルスによるグローバルヘルスパンデミックの危機における評価』（Evaluation Implications of the Coronavirus Global Health Pandemic Emergency：Patton, 2020b）という

タイトルのブログを書いた。その冒頭で以下のように述べた。

　　すべての評価者は今、DE評価者にならなければなりません。それに
　より、複雑なダイナミックシステムに適応し、未知のもの、不確実性、
　乱流、制御不能、非線形性、そして予想外のものの出現に備えることが
　できるのです。これが世界全体の現状であり、評価が今後しばらくの間
　は存在する世界でもあるのです。
　　パンデミックの状況の変化に合わせて評価を変えていくことで、俊敏
　に反応する準備ができることを、一緒に仕事をするステイクホルダーに
　伝えてください。これには、評価的思考や知見の継続的な妥当性を示す
　ことで、評価が軽視されたり放棄されたりしないように働きかけること
　も含まれます。これは、評価的思考や知見の継続的な妥当性と有用性を
　確保するために適応することを意味します。例えば、多くの現地拠点を
　持つ国際的なプロジェクトでは、日常的な四半期ごとのモニタリング調
　査を継続する代わりに、より有用性を高めるために、現地レベルで人々
　がどのような影響を受け、どのように適応しているか、そして彼らが今、
　本部から何を必要としているかについての短い自由回答形式の調査を作
　成しました。
　　何が起きているのか、どんな事態が出現しているのか、ニーズはどの
　ように変化しているのかを知り、今後の選択肢を検討するために、どの
　ようなデータを迅速に収集し、評価利用者に提供することができるのか。
　現在の危機感を現実的かつ創造的に考えることに活用してください。同
　時に、危機感の結果として行われている実施内容の変更と、その影響や
　結果を記録することも忘れずに行ってください。また、危機とその影響
　に対する認識についてデータを収集し、フィードバックを提供すること
　で、影響を受けた人々がこのような状況で伝えるべきことや対応すべき
　ことについてどれだけ同じ考えを持っているかを知ることができるかも
　しれません。

危機に陥るとすべてが変わります。変化に抵抗するのではなく、変化を受け入れてください。プログラムの目標は適切に変更されるかもしれません。効果の測定方法も変わるかもしれません。対象となる人々も変わるかもしれません。実施手順が変わるかもしれません。成果指標が変わるかもしれません。これは、評価デザイン、データ収集、報告のスケジュール、および基準が変わることを意味します。使用目的や使用者も変わる可能性があります。変化を期待し、変化を容易にし、変化とその影響を記録することが危機における評価者の仕事であり、慣れ親しんだ「従来通り」の考え方で進むことではありません。今は「従来通り」の時ではありません。また、プログラムの適応が見られない場合は、プログラムレベルで選択肢を提示し、シナリオ思考を導入することで、適応を促すことを検討してください。適切なリスクを取って、展開されていることに対処し、他の人が対処するのを支援してください。

　パンデミックの影響で、従来のモニタリング・評価システムを導入していた大規模な機関を中心に、世界中でDEが大きく増加した。世界食糧計画（World Food Program）は、コロナウイルスへの対応についてDEを依頼した（Patton, 2021b）。米国国際開発庁（USAID）は、パンデミックのため、遠隔地やバーチャルでDEに従事するためのガイドを発表した（Social Impact, 2021）。国連人口基金（UNFPA）は、成果重視型マネジメントの一環でDEに取り組んでいる。これらは、パンデミックによって生まれたDEの３つの例である。

第５節　発展的評価は発展し続ける

　発展的評価の当初（Patton, 2011）では、私は５つのDEの目的を特定し、区別した。
１．継続的なイノベーション：例えば、新しい問題や新しいコミュニケーシ

ョン方法の出現に基づいて、その内容やプロセスを定期的に改訂するリーダーシップ開発プログラム

2．新しい場所に適応するためのスケーリング原理：例えば、産業型農業が支配的な地域に循環経済のアグロエコロジーの原理を普及させること

3．先行評価：例えば、国連の「先住民族の権利宣言」を支持する世界中の先住民族コミュニティをつなぐプログラムのような新しいアイデアや企画の創成

4．システム変革：例えば、ホームレスにサービスを提供するだけではなく、住宅システムの問題としてホームレス問題に取り組むこと

5．人道的支援：自然災害（火山の噴火、津波）や政情不安（内戦、特定の集団の迫害、反対意見の弾圧）に直面した際の人道的介入を支援するもの

　これら5つの目的に共通しているのは、原著の副題である「革新と利用を促進するための複雑性概念の適用」である。2011年に本書が出版されて以来、新たに5つの異なるDEの応用例が出てきており、DEの目的を拡大し、メニューを増やす時期に来ていると考えられる。これは、評価者だけでなく、評価依頼者、資金提供者、評価の利用者が、いつ、どのような場合にDEが適しているかを判断するために重要となる。

発展的評価の新たな5つの目的

1　危機への適応

　コロナウイルスの大流行により、DEの新たな目的が明らかになった。それは「危機への適応」である。各種プログラムは、その提供方法、スタッフの管理方法、資源の配分、戦略的優先順位の変更を余儀なくされている。プログラムは、スタッフの削減やプログラムを提供するための資金等の減少に直面している。このような実質的で大きな変化の必要性は、2020年3月に急速に現れた。1年後には、パンデミックが一時的で短命な課題ではなかった

ことが明らかになった。パンデミックの文脈でDEを捉えた言葉は"ピボット"である。例えば、大学ではオンライン授業を徐々に増やし始めていたが、パンデミックの影響でオンライン授業が加速しただけでなく、主要な、そして多くの場合、唯一の配信形態となった。つまり、対面式の授業からオンライン授業へと、高等教育における主流の配信メディアが移行したのだ。世界中の小中学校でも同じことが起こっている。公衆衛生プログラム、刑務所、反貧困、ホームレス支援など、人々を助けることを目的としたあらゆる支援活動が、パンデミックの影響を受けて、再概念化、再設計、適応を迫られ、評価方法を変えなければならなくなった。

DEには、かつてはイノベーションという狭い守備範囲があったが、今ではそれは危機への適応というはるかに広い守備範囲になっている。ここで言う適応にはさまざまな形がある。対象者の再構成、サービスの優先順位付け、提供形態の変更（対面式からオンラインで対応可能なものへ）、実践ベースのモデルからプリンシプル重視のモデルへの移行などである。危機的状況下でのDEでは、評価者は危機への対応策の策定を支援する。これは、標準化され、ルーチン化されることが常であったデータのモニタリングを超えるものとなる。DEでは、評価利用者が危機に直面したときにどのような情報を必要としているのか、継続的な状況分析が必要となる。

繰り返しになるが、これは基本的に、DEがイノベーションという守備範囲から、イノベーションを含むがそれに限定されない、より大規模で包括的な適応を守備範囲とするものへと拡大・発展したことを意味する。

2　トランスフォーメーションの支援

DEの2つ目の新しい目的は、システムの変革（トランスフォーメーション）を支援することである。DEにおけるシステム評価の目的の当初の枠組みは、プロジェクトやプログラムの効果を判断するのではなく、システムの変化を支援することであった。世界的な気候変動やパンデミックなどの緊急事態の中で浮上してきたのは、システムの変化とシステムの変革の区別である。シ

ステムの変化とは、社会をより公平で持続可能なものにするために、社会システムを段階的に改革することを意味する。例えば、アファーマティブ・アクション（積極的差別是正措置）プログラムは、制度的なシステム変更を伴うかもしれないし、リサイクルプログラムの開発は、持続可能性に対する多くの組織の貢献度を高めることになるだろう。これに対して、トランスフォーメーションは、現行のシステムとは大きく異なるシステムの劇的な発展を伴う。システミック・レイシズム（構造的人種差別）への取り組みは、規制や政策を段階的に変更したり、適切な政策や規制をよりよく実施したりする以上に、権力関係の変革や社会的資源の再分配を促すものとなる。困っている人により良いサービスを提供するためにシステムを少しずつ改善していくには、セオリー・オブ・チェンジ（変化の理論）を検証する必要がある。システムを根本的に変え、改革するには、トランスフォーメーションの理論が必要になる。変化の規模、深さ、幅は、改善志向の通常のシステムの変化よりもトランスフォーメーションの方が大きくなる。

　DEは、これら両方の目的を果たすことができるし、実際に果たしているが、その目的は大きく異なるため、区別する価値がある。気候変動の緊急事態は、世界中で起きている社会的正義を求める蜂起と同様に、変革を求める声につながっている。DE評価者は、自分が漸進的な変化の分野にいるのか、それともトランスフォーメーションの分野にいるのかを知る必要があるが、それは、変化をもたらす関係者の間でこの区別を促進することも意味する。

3　ネットワーク、連携、協働の構築

　評価は、プロジェクトやプログラムを中心とする中で育ってきたと言われている。プロジェクトやプログラムは、SMART[(6)]な目標に向けたロジックモデルに基づいて、単一の団体によって実施されるのが一般的である。しかし、システム変更やトランスフォーメーションへの取り組みでは、異なる組織やプログラムに属する複数のアクターが参加し、ネットワークや連携、協働を形成して、コレクティブ・インパクトを狙うことが多くなっている。

125

人々のネットワークを形成し、育て、発展させ、活性化させ、多くの人々を関与させ、持続させ、適応させるプロセスは、他とは異なる重要なDEの目的となっている。例えば、「食の未来のためのグローバル・アライアンス」[7]は、そのようなネットワークであり、食と農のシステムを変革するために活動する約30の民間財団の連合体である。効果的で持続可能なネットワークや連携には、次の3つの要素が必要となる。

1. 参加メンバーに価値を提供すること。
2. 個々のメンバーが達成できる以上の価値を、グループとして一緒に行動することで提供すること。
3. 複数の、異なる、個々の、そして集合的なネットワークを通じて、その影響力を拡大すること。

　DEは、これらの3つの行動領域の行動と調整に役立つ。この3つの領域は相互に補強しあっているため、これらの領域の調整がうまくいかないと、ネットワークや連携自体の効果や持続性が損なわれてしまう。DE評価者は、メンバーがネットワークをどのように体験しているか、ネットワークの総体的な努力が何をもたらしているか、そしてメンバーを超えたネットワークの波及効果についてのデータを収集する。より一般的に言えば、DEは、システム介入への明確なアプローチとしての集団的行為の発展を支援するという明確な目的を持つことができる。

4　キャパシティビルディングのための発展的評価

　この10年でDEに現れた4つ目の新しい方向性は、評価に従事するための組織やプログラムの能力を構築することである。これには、評価をビジネスのやり方として組織の業務に組み込むために、組織のリーダーシップを支援することが含まれることが多い。ここで、DEと組織開発が出会うこととなる。DEは継続的な組織開発の重要性を強調し、これを評価的思考、方法、プロセス、実用の観点を重視して行うことが肝要であることを示すものとなる。

5　評価のための発展的評価

　DEは、当初の概念ではイノベーションと活用を高めることに重点が置かれていた。そこではイノベーションやシステム変更を目的とした介入やイニシアチブの開発を支援することに焦点を当てていた。しかし、そのような役割に加えて、ここ10年は、評価そのものの発展を支援するというDEの機能が登場してきた。DEは、科学としての評価（Patton, 2018a）、プリンシプル中心の評価（Patton, 2018b）、ブルーマーブル評価（Patton, 2020a）などを生み出している（第6章参照）。評価への新たなアプローチが生まれ、評価自体がそれらの課題に対応するために生まれ、評価はより良い変革を評価するために変革されている（Patton, 2021a）。これは、介入自体に加え、評価の理論と実践が発展し適応していく発展的なプロセスといえる。

第6節　多様な文化的文脈の中で解釈される発展的評価

　DEが世界中に広まっている中で、私は、DEのプリンシプルを特定の文化的文脈の中で意味のある概念に結びつける方法を模索することが役に立つと感じている。例えば、私の故郷はミネソタ州で、州のスローガンは「Land of 10,000 Lakes（1万の湖の国）」となっている。現在のミネソタ州には、氷河期に氷河が溶けてできた湖が多くあるため、州民の多くが釣りをしている。釣りに精通した人たちの知恵は、「釣りを成功させるには、天候や水の状態、季節の変化、釣り場の知識などを考慮して、釣りたい魚に適した餌を選び、適切なテクニックを使うこと」だという。釣りに成功した人たちは、そのような言葉は使わないが、一種のDEを実践しているといえる。状況に合わせて釣りをするのだ。ミネソタ州では、気候変動がすでに釣りの状況に影響を与えている。湖の魚は水温や生息環境の変化に非常に敏感であり、また乱獲や外来種が在来魚を脅かす問題にも敏感だ。

　世界中の文化には、適応に関する固有の知恵がある。西アフリカ、ブルキ

ナファソのモシ族での事業では、次のようなことわざがDEにつながった。

Kwligia sin goelamay, Bii neegbha naa goelamay.
「川がジグザグすれば、ワニもジグザグしなければならない」。

　アフリカの評価者は、「メイド・イン・アフリカ」評価を通じて、評価を
アフリカの文脈に合わせている。この考えは、評価に対するアフリカ独自の
アプローチを特定し、発展させようとするものとなっている。これは、多様
で複雑なことが多いアフリカの現実において、文脈、文化、歴史、信念が評
価の性質を形成することを強調するものである（AfrEA, 2017; Goldman &
Pabari, Eds. 2020）。
　中国のことわざでは、「水がそれを入れた器に合わせて形を変えるように、
賢い人は状況に適応する」と言われている。ブラジルでDEに取り組んだ私は、
文脈を理解し、状況、文化、条件に合わせて教育学を適応させることの重要
性を強調した哲学者・教育者の著作を参考にした（Patton, 2017）。ニュージ
ーランドでは、マオリ族がワナウンガタンガ（家族のように大切にする）の
プリンシプルを通じて、関係性が中心であるという教育理論を強調している
（Bishop, Ladwig, & Berryman, 2014）。DEがうまくいくかは、評価者とソ
ーシャル・イノベーターの関係性に依拠している。DEは特定の方法を基礎
に持つものではなく、関係性を基礎に持つものである。DEはどんな方法で
も採用できるが、協力的な関係が常に不可欠である。
　評価を多様な文脈に適応させるためには、言葉の問題を考えなければなら
ない。評価の専門用語は、評価に何ができるのか、なぜそれが有用なのかを
伝える上での障壁となり得る。文化的に意味のある言葉を見つけて、評価が
できることやその妥当性を特定することで、評価の活用を高めることができ
る。そこで、DEを理解するための日本の概念を考えてみよう。

第7節　日本の文脈で解釈される発展的評価

"生の術は環境にたいして絶えず適応しなおすことにある"

岡倉天心（覚三）⁽⁸⁾

　日本で評価研修を行う機会を得て、私はDEのアプローチと共鳴する日本の概念を理解するようになった。実際、私がこれまでに旅したどの国よりも、日本ではDEに関連する概念を多く見つけることができた。前述したように、DEは特定の手法ではないし、決められた手順を指示するものでもない。再現性のある評価モデルでもない。むしろ、考え方であり、世界に対するアプローチである。DEは、世界の何らかの側面をより良く変えることを目指すイノベーションの支援を中心とした評価のアプローチである。DEは、世界がどのように機能するかについてのプリンシプル、価値観、鍵概念に基づいた評価アプローチにほかならない。したがって、日本での様々な取り組みにとってのDEの妥当性を検討する際には、DEを日本の文化的な価値観や概念に照らし合わせて考えることが有益である。もちろん、このような解釈は危険な試みであり、日本の概念に対する私なりの西洋の解釈に過ぎず、そのニュアンスや文化的な意味の深さを正当に表現しているとは言えない。しかし、私はこれらを可能性として提示し、日本の概念がDEの哲学、原則、実践と最も共鳴するものは何かを読者が自ら考えるように誘いたい。ここでは、評価全般、特にDEを考える上で意味があると思われる日本の概念を10個挙げてみたい。願わくは、これらの概念や他の概念が、日本の文脈におけるDEの性質を明らかにするのに役立つかどうかについて、さらなる議論を深めるきっかけになればと考える。

1　カイゼン：継続的な改善

　「カイゼン」とは、「継続的な改善」や「より良い方向への変化」を意味す

129

ると理解している。この概念は、少しずつ良い方向に変化させ、そのプロセスを受け入れることで、業務のあらゆる側面を常に良くしようとしていこうとする個人やビジネスの哲学を表している。カイゼンは、DEにおいて特に重要な意味を持つ。DEは改善と発展を区別するもので、改善がモデルをより良く、つまりより効果的・効率的にしようとするものであるのに対し、DEは新たな条件や変化する条件への適応を支援することでイノベーションを発展させることに焦点を当てている。DEは複製可能な標準化されたモデルを検証することに焦点を当てていないので、継続的な改善へのDEのアプローチは、継続的な学習と適応を意味する。その意味では、DEはカイゼンの特殊型と言えるかもしれない。

2　和：集団の和

　おそらく「和」は、アメリカ人が知っている最も有名な日本語であり、アメリカと日本の野球に対する考え方を区別するために広く使われてきた。ロバート・ホワイティングの有名な論文（Whiting, 1990）では、アメリカの野球選手が日本の野球に適応することの難しさを、"You gotta have wa.（和をもって日本となす）" という言葉で説明している。この言葉はDEにも当てはまる。従来の評価では、評価者とプログラムスタッフの間に対立関係が生じることが多かった。評価者からの否定的な評価を、プログラムスタッフは恐れる。この対立する役割の間に、協力や信頼関係が生まれることはほとんどない。一方、DEでは、評価者とソーシャル・イノベーターの間に調和が生まれる。従来のアカウンタビリティ重視の評価では、評価者はプログラムから独立した立場であることが、より高い信頼性と偏りのない判断をもたらすと考えられている。一方、DEでは、評価者とソーシャル・イノベーターが価値観を共有した上で相互に尊重し合い、有益な関係を築くことで、イノベーションを支援するDEの目的が、イノベーションに取り組むソーシャル・イノベーターのコミットメントに沿うものとなるようにする。DE評価者の役割は、ソーシャル・イノベーターがより効果的に適応・調整できるように、

何が起きているのか、その意味や結果についての有効で信頼できる情報を提供し、イノベーションを支援することとなる。このような関係は、互恵性と相互性によって成り立つ。DEは、共創の原則に基づいている。DEを長期的に成功させるためには、「和」が必要となる。

3　生きがい：目的の追求

「生きがい」とは、人生や仕事の目的を定義し、追求することと訳される。人生の目的は、その人や集団が得意とするもので、世界に役立つものとなるため、情熱とやる気が喚起される。これは、世界に役立つものを提供するという特別な目的を追求するDEと合致するものだ。DEは、システムの問題を解決するために新しいアイデアやアプローチを生み出すソーシャル・イノベーターや起業家を支援するために生まれた。これらの人々は、世界に変化をもたらすことに深い関心を持ち、例えば高齢者介護の革新的な方法、ホームレスの削減、担保を持たない低所得女性への資金提供（マイクロファイナンス）など、新たな解決策を必要とする課題に直面している。彼らは、従来の説明責任を果たすための評価は負担が大きく、硬直しており、イノベーションの妨げになっていることに気づいている。従来の評価の多くは、コンプライアンス報告や日常的なモニタリングになっている。一方、ソーシャル・イノベーターは、社会的、経済的、政治的、文化的、財政的に新しい解決策を見つけるために、古いやり方を打破したいと考えている。彼らがそう考えるのは、強い使命感と変化をもたらすことへの情熱があるからで、それこそが「生きがい」なのである。

4　侘び寂び：不完全を賞賛する

西洋人は、日本人の美意識である「侘び寂び」を、無常で不完全なものに美を見出すことと理解している。侘び寂びに表現されている哲学は、永続するものはない、完成するものはない、完璧なものはないという3つの基本的な考え方を認めることで、真に価値あるものすべてを育むものであると理解

する。この理解こそが、継続的な革新と適応につながる。従来の評価の多く
は、一般化できる標準モデルを求め続けている。このメンタリティでは、実
施の予測可能性が高く、確実に成果が得られる永続的で恒久的なモデルを求
める。これに対して、複雑なシステムを前提とするDEは、常に変化する激
動の世界では、ある時点でうまくいっていたものが、別の時点の変化した状
況下ではうまくいかないかもしれないという視点に基づいている。つまり、
ある人が行っていることは本質的に一時的なものであり、状況の変化、技術
の変化、プログラム参加者の変化、条件の変化、理解の変化に直面して適応
する必要がある。つまりDEは、革新は不完全であり、新しい状況や理解に
直面して適応する必要があり、そのプロセスは複雑さに直面しても継続する
という期待と合致するのである。永続するものはなく、完成するものもなく、
完璧なものもない。したがって、継続的なDEと適応が必要となる。

5 もったいない：無駄を省く

日本語の「もったいない」という言葉は、すべてのものは尊重され、感謝
されるべきであるという信念を表している。これは、資源の価値を尊重して
認識し、無駄にしないことで、廃棄物の削減、資源の再利用、再生などの持
続可能性を重視するものである。資源を考えて使うことの重要性は、特に気
候変動や持続可能性に直面しているソーシャル・イノベーションに共通する
テーマにほかならない。気候変動の緊急事態、アジェンダ2030、持続可能な
開発目標（SDGs）に直面して、多くのソーシャル・イノベーションが起こ
っている。DEは、ソーシャル・イノベーターと協力して、希少な資源を有
効に活用することを支援する。そのような効率性は、イノベーションの重要
な源泉となる。

6 金継ぎ：金繕いの技術

金継ぎとは、壊れた陶器を修復する技術として尊敬されている「金繕い」
を意味している。割れた陶器を金や銀の漆で修復すると、欠点を生かした見

事な作品になる。金継ぎの習慣は、不完全なものを賞賛する「侘び寂び」の概念に由来していると言われる。金継ぎの考え方によって、私たちは自分の欠点を、物や人をより美しくする装飾として受け入れる黄金の旅をたどることができる。この考えはDEに応用され、失敗や弱点を認め、うまくいかないことから学び、評価に基づいた行動で過ちを修復するためにソーシャル・イノベーターと協力することを厭わないことにつながる。最高の理想を言えば、DEは、壊れているもの（機能していないもの）を修復して有用な目的に適応させることで、それを照らす金や銀の漆（保護や修復のための塗料）のようなものである。

　イノベーターは常に失敗のリスクを抱えている。革新のモットーは「多くを学ぶために、頻繁にできるだけ速く失敗せよ」である。DEは、陶器が壊れていることを宣告し、データ、証拠、対処方法についての知識という形で、修理の漆を提供する準備ができている。これは、欠点を財産に、弱点を強みに変えるDEのアプローチである。組織、コミュニティ、プログラムにおけるDEの重要な形態は、評価者が、何がうまくいっているのか、何が評価されているのか、変化に直面したときに何を維持・継続すべきなのかを振り返るプロセスを促進する、「価値を認める探求」[9]である。評価者は、何がうまくいっているのか、何が評価されているのか、変化に直面したときに何を維持・継続すべきなのかを考えるプロセスを促進する。そのためには、失敗を認めることが必要である。ノーベル賞を受賞した、意思決定に関する研究で知られる科学者ダニエル・カーネマンをはじめとする人間の脳の仕組みに関する研究によると、人間は成功やポジティブな結果を重視するよりも、損失や失敗を恐れることがわかっている。人間は損失を嫌う生き物であり、失敗すると恥ずかしいし、がっかりするし、面目丸つぶれになる。しかし、ソーシャル・イノベーターや企業家は、リスクを取っているので、うまくいくこともあれば、いかないこともある。DEを行う評価者は、社会企業家やイノベーターと協力して、失敗から学び、その教訓を活かして成功に向けて前進することで、失敗の恐怖を克服する知識と真実への渇望を生み出すことが

できる。そのためには、継続的な革新と適応が必要となる。日本の文脈では、金継ぎは、継続的な革新と継続的なDEの両方のインスピレーションの源となるかもしれない。

7　もののあはれ：はかないものへの共感

この言葉は、はかないものへの共感、つまり無常観、過去のものや今はないものへの感受性、そして絶え間ない変化の現実を理解することだと解釈される。この変化への敏感さは、複雑でダイナミックなシステムの性質を象徴している。DEでは、ソーシャル・イノベーターや起業家と協力して、複雑なシステムの変化を追跡し、イノベーションや適応への影響を調べ、これまでを振り返り、現在の現実を調べ、将来の軌道を検討する。

8　桜梅桃李：自分と比較しないこと

日本語の「桜梅桃李」という言葉は、他人と自分を比較しないことを意味する。桜、梅、桃、李の4つの象徴的な木の漢字からなるこの概念は、それぞれの木の成長の仕方が異なることを意味している。つまり、これらの木に咲く花のように、誰もがそれぞれの時期にそれぞれの方法で花を咲かせるという考え方だ。DEは、それぞれの状況に合わせてカスタマイズされる。先に述べたように、従来の評価は、標準化され、一般化され、再現可能なモデルを探すことが主流であり、「ベストプラクティス」を求めて、標準化を重視する。従来の総括的評価では、あるモデルを忠実に（日常的に、標準化された方法で）実施すれば、あらかじめ決められた標準化された結果が得られ、そのメリット、値打ち、意義に関する判断を提供できる。これに対して、複雑なシステムは、ダイナミックで、絶えず変化し、激動している。DEは、そのような状況に適応し、柔軟で、カスタマイズされたものでなければならない。DE評価者は、イノベーションの開発がどのように行われたか、状況に応じた適応の性質、適応から得られる教訓などを記録する。個々の取り組みがユニークなように、個々のDEもユニークなものとなる。

9　しかたがない：受け入れること、手放すこと

「しかたがない」あるいは「しょうがない」は、「どうしようもない」、「ありのままを受け入れる」という意味の日本語である。変えることができないものを受け入れ、前に進むことを表す。DEの主な目的は、状況分析とシステムの理解を通して、何が実行可能で何がそうでないか、何が変えられて何が変えられないかを特定することにある。状況分析では、問題の性質、原因、歴史、変化や革新が可能な点と不可能な点を検討する。例えば、交通が不便で、環境が厳しく、波乱に満ちた山岳地帯で行われる国際開発プロジェクトは、このような条件を受け入れなければならない。地形は変えられない。山が山であり続けるからこそ、ソーシャル・イノベーターは地形に適応しなければならない。成功するソーシャル・イノベーションは、実行可能なものに焦点を当て、DE評価者は実現可能で有用かつ実行可能な提言を行う。このような悟りが、以下の助言を与える。

　　　　私に、変えられないものを受け入れる穏やかさを与えよ。

　　　　変えられるものは変える勇気を。

　　　　そして、その違いを知るための知恵を与えよ。

　この違いを見極めるために、DEが役立つのである。

10　幽玄：目に見えないものに美を見出す

「幽玄」とは、「不思議な奥深さ」と訳され、簡単に説明できないもの、言葉にしにくいものの美しさに気づくことを意味する。「幽玄」をDEに当てはめると、その意味は拡大解釈されるかもしれないが、この言葉が私に想起させるのは、人々の生活における変化の質的側面や次元を捉えるという難問に取り組むことだ。DEには、定量的な手法と定性的な手法がある。定量的な方法は、概念を測定可能にすることでそれらを運用しやすくするもので、統計は、パターンを数値的な正確さと精度で表現する。しかし、すべてを数値化して測定できるわけではない。質的手法では、「感受概念」（第6章参照）

を特定することで、その代替手段を提供する。感受概念とは、ビジョンや意味を与え、人間の相互作用や関与にとって重要な価値を表現するものだが、数値には還元されない。子どもがどれだけ本を読んだかを知りたければ、読書テストを受けさせればよい。しかし、子どもにとって読書がどのような意味を持つかを知りたければ、子どもにインタビューをして、子どもがどのように考え、何を理解し、何を読むのが好きで、家族は何を読んでいるのか、子どもにとって読書はどのような意味を持つのか、文化的、社会的、教育的に読書についてどのように理解しているのかを探ることになる。信頼、相互尊重、協力、エンパワーメントなどの概念は、対話や相互作用を通じて、文脈の中で人々によって意味づけられるものである。DE評価者は、統計的に数えるものを超えたソーシャル・イノベーションの価値を表すこれらの意味を捉えることができる。定量的手法と定性的手法を併用する際のゴールデン・ルールは、「ストーリーなくして数字なし、数字なくしてストーリーなし」である。数字はソーシャル・イノベーションの正確な定量的結果を示し、ストーリーは数字を超えた意味や意義の洞察を明示する。質的なデータは、「幽玄」を捉え、理解し、伝えるためのものである。少なくとも私はそう考えている。

第8節　プレモーテム

　DEを行う上で意味があると思われる日本語のフレーズや概念を10個挙げたが、これらのフレーズや概念がどのようにしてDEを支えることができなくなるのかについて、プレモーテムを行うことが役に立つかもしれない。プレモーテムとは、ある取り組みが失敗したことを前提に、その原因を探ることである。プレモーテムは、ポストモーテム（検死・振り返り）の逆と考えることができる。検死は、人が死んだ後に死因を特定するために行われる。プレモーテムは、取り組みの終わりではなく始まりに行われるので、検死するのではなく、取り組みを改善することができる。通常の取り組み前の検討

会議では、計画主体は何が問題になるかを尋ねられるが、プレモーテムでは、「患者」（取り組み）が亡くなったことを想像し、何がよくなかったかを問い直す。プレモーテムを行うことで、取り組みが失敗したありうる理由を抽出する（Klein, 2007）。そこで、日本のDEプレモーテムを想像し、失敗の原因として3つの可能性を考えてみたい。

1. **関係性の失敗**：DEは、ソーシャル・イノベーターと評価者の間に密接な関係を築くものである。両者は相互依存関係にあり、DE評価者はイノベーションチームの一員になったり、組織の内部に入ったりする。しかし、評価者の役割は、信頼性のある有用なエビデンスを生み出し、独立した判断を下すことだ。DE評価者の仕事が、評価以外の他のマネジメント業務が割り当てられて弱体化したり、評価者の独立した判断が守られず尊重されなかったりすると、DEプロセスは意思決定やリアリティテスト[(10)]のための意味のあるエビデンスを生み出すことができなくなる。DEでは実践者と評価者が密接な関係性を作って作業を進めるが、適応のための質の高いフィードバックを生み出すためには、役割とタスクの境界を確立し、それを全員が理解し、維持する必要がある。

2. **シニアリーダーのサポート**：すべての評価には、シニアリーダーの賛同と支援が必要である。DEは、リーダーやシニアマネジャーが革新を約束し、柔軟な姿勢で現実を検証し、適応を支援するための情報を切実に必要としているところで成功する。しかし、アカウンタビリティとマネジメントに対するコマンド・アンド・コントロール型のアプローチを主張する独裁的なリーダーは、イノベーションとDEの両方を殺してしまう。また、自分が一番よく知っていると信じ、それに反する証拠を拒否するエリート主義的なリーダーは、適応力そしてDE自体を損なう。DEには、学習と真の協働の文化が必要なのだ。

3. **変化への抵抗**：評価は、革新や変革を支援する役割を果たすこともあるが、現状維持や変化への抵抗に利用されることもある。本章のあるレビューアーはこう述べている。

「和」、「幽玄」、「もののあはれ」、そして（おそらく）「侘び寂び」などの言葉は、自然や社会の安定した調和のとれた状態（均衡）を意味しており、洗練された感覚と人間の生活の美しさを理解する能力を持った人たちによって認識されている。しかし、これらの言葉は、「邪魔をするな」という無言のメッセージとともに、現状を尊重することを誤って奨励する場合がある。儒教流の秩序意識と結びつくと、DEは、すべてのエビデンスを秩序維持と現状維持の呼びかけと解釈することで、変化に抵抗し弱体化させるために使われるかもしれない。

この懸念は、決められた政治的立場や硬直したイデオロギー的見解を支持するためにデータを操作することができる、あらゆる種類の評価に当てはまる。これは、DEに対する準備状況を評価することの重要性を示している。組織や取り組みは、革新と適応に真に取り組んでいるか。真の探求の文化があるか。プレモーテム・プロセスは、DEへの準備ができているかどうかを判断するのに役に立つ。

おわりに

本章では、DEを考える上で重要と思われる日本語のフレーズや概念を10個考えてみた。

<u>カイゼン</u>
<u>和</u>
<u>生きがい</u>
<u>侘び寂び</u>
<u>もったいない</u>
<u>金継ぎ</u>
<u>もののあはれ</u>

桜梅桃李

しかたがない

幽玄

　私の素朴な考察が、日本の文脈におけるDEの本質を明らかにする概念は何か、そしてDEが成功するために必要な条件とは何かについて、さらなる議論を喚起することを願っている。

　日本人は適応力が高いという評価やイメージが欧米にはある。DEはまだ発展途上である。日系カナダ人として初めてカナダ評価学会フェローに認定された久慈（鹿谷）恵子氏は、カナダと日本の両方でDEを適応させることについて考察している（Kuji-Shikatani, 2021）。今後のDEの発展のためには、文化的、政治的、経済的、社会的に多様な文脈にアプローチを適応させることが必要である。日本でDEがどのように適応され、適用されていくのかを、非常に楽しみにしている。

　同時に、文化や国の境界を超えて、私たち人類は皆、グローバルなシステムの変革に適応するという未来に直面している。これには、DEをブルーマーブル評価（Patton, 2020a；第 6 章参照）へと進化させ、気候変動という緊急事態とそれに関連する課題や複雑さに直面しているグローバルなイノベーションを支援することが含まれる。問題は、人類が適応できるかどうかだ。人類が適応するには世界は複雑すぎるのだろうか。日本出身の偉大なノーベル賞受賞者で小説家のカズオ・イシグロ氏が最近、その疑問に答えてくれた（Ishiguro, 2021）。彼の知恵は、未来への指針となる道筋を示している。

　　人として、また作家として、私が興味を持っていることの一つは、この複雑さの中で、社会を構築する方法において、人間の個人を重要な基本単位として維持するにはどうしたらよいかということです。というのも、私たちは20世紀の間、その理想が放棄されたあらゆる種類のシステムと格闘してきたからです。共産主義や他の大きな理想では、個人を大義のために犠牲にすると説いていました。

これは非常に危険な考えだと思います。現代の世界はあまりにも複雑なので、あきらめたほうがいいのではないかという考えです。.... あきらめてはいけません。

幽玄の心が私たちを導いてくれますように。

訳註
(1) 本稿において、ソーシャル・イノベーターという用語は、「社会的課題解決や価値創造のために、それまでにない発想や方法で実践を行う人」ぐらいの広い意味で使われている。
(2) ここでは、「改善（improvement）」と「発展（development）」の用語を使い分け、前者を固定された文脈における継続的な進展、後者を文脈の変化や新たな問題の出現に対する非連続的な対応の意味で使っている。
(3) 本質（merit）、値打ち（worth）、意義（significance）は、スクリヴェンによる評価の定義「評価は、物事の本質、値打ち、意義を体系的に明らかにすることである」（Scriven 1991, p.139）で使われた概念で、「本質」は内在的価値、「値打ち」は外在的価値（例えば、貨幣価値）、「意義」は個人や特定の集団にとっての重要性、こだわり、思い入れなど示す。
(4) プリンシプルの用語については第6章参照。
(5) ミッションドリフトとは、組織が本来行うべき活動（ミッション）から逸脱するものが活動の中心となってしまうこと。
(6) SMARTゴール。Specific（具体的）、Measurable（測定可能）、Achievable（達成可能）、Relevant（妥当）、Time-bound（期限付き）の頭文字をとったもの。
(7) Global Alliance for the Future of Food（https://futureoffood.org）
(8) Okakura, K.（1906）. *The Book of Tea*, New York: Fox, Duffield & Company. この本の和訳版は数社から出版されている。本文の引用は岡倉天心著・訳『茶の本』講談社学術文庫版に依拠している。
(9) appreciative inquiry。米国では評価研究のみならず組織開発でも使われる用語で、ポジティブな問いや探求によって、組織や取り組みの価値を認め、それを最大限に生かす方策を実践するプロセスを意味する。（参考：https://www.betterevaluation.org/en/plan/approach/appreciative_inquiry）
(10) もともと精神療法の分野で、クライアントが事実と主観を区別できるように開発されたカウンセリング手法。評価研究においては、事実特定の一要素として使われる。

参考文献

AEA（American Evaluation Association）（2018）. AEA *Evaluator competencies.* （https://www.eval.org/About/Competencies-Standards/AEA-Evaluator-Competencies）.

AfrEA（2017）. *Made in Africa evaluation.* African Evaluation Association, Kampala, Uganda.（https://afrea.org/made-in-africa-evaluation/）.

Bishop, R., Ladwig, J., & Berryman, M.（2014）. The Centrality of Relationships for Pedagogy: The Whanaungatanga Thesis. *American Educational Research Journal,* 51（1）, pp.184-214.

Goldman, I. & Pabari, M.（Eds.）（2020）. *Using evidence in policy and practice: Lessons from Africa.* Routledge.

Ishiguro, K. & Ramakrishnan, V.（2021）Imagining a new humanity. *Financial Times.* March 26.（https://www.ft.com/content/eca7988d-2961-4b27-9368-ff58c966e969）.

Klein, G.（2007）. Performing a project premortem. *Harvard Business Review,* September.（https://hbr.org/2007/09/performing-a-project-premortem）.

Kuji-Shikatani, K.（2021）. Learning as you go: Becoming part of the solution as a Blue Marble Evaluator navigating the pandemic. *Blue Marble Evaluation* webinar, March 29. （https://bluemarbleeval.org/latest/learning-you-go-becoming-part-solution-blue-marble-evaluator-navigating-pandemic）.

Patton, M.Q.（2000）. Overview: Language Matters. *How and why language matters in evaluation.* New Directions for Evaluation, No. 86, pp. 5-16.

Patton, M.Q.（2011）. *Developmental Evaluation: Applying complexity concepts to enhance innovation and use.* New York: Guilford Press.

Patton, M.Q.（2017）. *Pedagogy of Evaluation*（Ed.）. New Directions for Evaluation, No. 155.

Patton, M.Q.（2018a）. Evaluation science, *American Journal of Evaluation,* 2018, 39（2）, pp. 183-200.

Patton, M.Q.（2018b）*Principles-focused evaluation: The Guide.* New York: Guilford Press.

Patton, M.Q.（2020a）*Blue Marble Evaluation: Premises and Principles,* New York: Guilford Press.

Patton, M.Q.（2020b）Evaluation Implications of the Coronavirus Global Health Pandemic Emergency. *Blue Marble Evaluation* blog, March 23.（https://bluemarbleeval.org/latest/evaluation-implications-coronavirus-global-health-pandemic-emergency）.

Patton, M.Q. (2021a) Evaluation criteria for evaluating transformation. *American Journal of Evaluation*, 42 (1), pp. 53-89.

Patton, M.Q. (2021b). Lessons about evaluating responses to the pandemic: Insights from the World Food Program Developmental Evaluation. *Blue Marble Evaluation* blog, January 21.
(https://bluemarbleeval.org/latest/lessons-about-evaluating-responses-pandemic-insights-world-food-program-developmental).

Rogers, P. & Macfarlan, A. (2020). *An overview of monitoring and evaluation for adaptive management.*
(https://www.betterevaluation.org/sites/default/files/MandE_for_adaptive_management_WP1_Overview_202009.pdf).

Ramalingam, B., Wild, L., and Buffardi, A. (2019). *Making adaptive rigour work: Principles and practices for strengthening monitoring, evaluation and learning for adaptive management.* Briefing note, April.
(https://odi.org/en/publications/making-adaptive-rigour-work-principles-and-practices-for-strengthening-mel-for-adaptive-management/).

Social Impact (2021). *Remote Developmental Evaluation.*
(https://bluemarbleeval.org/latest/remote-developmental-evaluation-guide-funders-and-practitioners).

Whiting, R. (1990). *You gotta have Wa.* Vintage Books.

訳註参考文献

岡倉天心著・桶谷秀昭訳 『茶の本』 講談社学術文庫版。

Okakura, K. (1906). *The Book of Tea*, New York: Fox, Duffield & Company.

Scriven, Michael (1991). *Evaluation Thesaurus*, Newbury Park, CA: Sage.

第5章　発展的評価を日本の文脈で考える　解題

今田 克司

　パットンは第5節「発展的評価は発展し続ける」の中で、2011年に発展的評価（Developmental Evaluation: DE）について初めて一冊の書物にまとめた際の5つの目的（Patton, 2011）に加えて、「新たに5つの異なるDEの応用例が出てきており、DEの目的を拡大し、メニューを増やす時期に来ていると考えられる」と述べている。加えて、新たな目的の一つとされる「評価のための発展的評価」において、「ここ10年は、評価そのものの発展を支援するというDEの機能が登場してきた」と指摘している。

　DEに関する日本語の文献はまだ少なく、一定の記載は第6章でもするが、基礎的な理解を進めるために、補助線を引く目的で3つの質問を提示し、回答を試みてみたい。

1　そもそも発展的評価はいかなる評価なのか？

　DEの当初の「5つの目的」一つに「先行評価（pre-formative evaluation）」があった。DEの説明の際、形成的評価と総括的評価（源 2020, pp.26-27）の対比にDEを加え、事業の発展段階に対応する評価の3種類として説明する場合がある。すなわち、事業が「導入期」から「成長期」を経て「成熟期」と発展していくにつれ、それに相応しい評価も「発展的」→「形成的」→「総括的」と変化していくという説明である[1]。DEの当初の目的の「先行評価」は、まさにこの段階論に適応するもので、事業に関する総合的判断を求められる総括的評価はもちろん、ある程度の事業の型が形成されて、事業改善を目指していくべき段階で活用される形成的評価もうまく適用できないような、事業の導入・生成段階で活用すべきがDEだとするのがこの考えになる。

　一方で、形成的評価や総括的評価を「従来型評価」と称し、DEはそれら

とは性格の異なる評価であると叙述される場合も多い。「従来の評価アプローチでは、明確で、具体的で、測定可能な結果が、直線的なロジックモデルで詳細に記述されたプロセスを経て達成されることが求められる」(Patton 2016, p.253) が、「発展的評価は、複雑でダイナミックな環境下での社会的イノベーションや適応的な開発プロセスを評価するための代替手段の必要性に応えるために編み出された」(Patton 2016, p.254) という考え方が、これを表している。

　実際、DEは従来の評価とはかなり様相が異なり、日本でソーシャル・セクターの実践者やその伴走支援を行う人々を主な対象として行ったDE研修においても[2]、「これは評価なのですか?」という疑問が多く聞かれた。また、2018年に筆者がヨーロッパ評価学会の大会で、日本では評価プロフェッションが確立される途上にあるという前置きをした上で、DE研修の紹介をしたところ、「なぜ、評価の中でもDEという上級編から始めたのか?」という質問を受けたこともある[3]。DEは、評価の様々な流派の中でも「型」にとらわれないものであり、応用の余幅が大きい分、上級者向けと考えられるという一端を表している。こと評価に関しては、方法論で理解しようとする場合が多く、その思考形態からすると、DEのように定型のない評価はあやふやなものとして捉えられがちになる (今田, 2017)。

　こういった特徴もあり、「評価とはこういうもの」という一般的な考えをもつ人や、評価についてある程度専門的に学習した人々からは、DEは違和感をもって受け取られることが多い。日本の文化的・社会的文脈との親和性が高いことをパットンは解説しているが、筆者らが開発した研修事業について最初に相談した際、日本の事情を説明すると、氏は、「従来型評価の考えを取り外す必要がないのだからむしろ好都合ではないか (You don't have to un-learn evaluation)」と応答した[4]。評価の「型」を学ぶことが先行し、そこに介在すべき評価的思考[5]が欠落している事態に警鐘を鳴らすパットンならではの指摘といえよう。

2　なにをもって発展的評価と言えるのか？

　では、DEがいわば応用型の評価なのだとすると、なにをもってその評価はDEであると規定できるのだろうか。2011年に出版されたパットンのDEの本の副題は「革新と利用を促進するための複雑性概念の適用」であり、これがDEの出発点であるといえよう（Patton 2011）。そして、本章で述べられているように、DEとは、「複雑でダイナミックな環境におけるイノベーションの評価」である。しかし、いかなる評価であればこの要件に見合う評価、すなわちDEなのだろうか。

　筆者が出向いたアメリカ評価学会（AEA）の2015年大会、2016年大会あたりはDEの「流行り年」で、何十ものセッションや発表にDEの名前が冠されていたが、それぞれが果たしてなにをもってDEの呼称を使っているのかはわからずじまいで、従来の評価の型にはまらないものをすべてDEというものに押し込んでいるようにも見えた。

　そういった疑問を持っていたのが筆者だけではなかったことが、そのうちに明らかになった。2016年、パットンらは新著を発表し、DEの範型を示すとともに、DEにおける8つのプリンシプル[6]を打ち出したのである（Patton et al., 2016）。これらは、評価をDEであると規定する8要件であるといえる。

発展的評価における8つのプリンシプル[7]

1．発展的な目的
2．評価の厳格さ
3．実用重視
4．イノベーションとの親和性
5．複雑系の観点
6．システム思考
7．共創
8．タイムリーなフィードバック

ここで注意すべきがポイントが二点ある。一点は、これらのプリンシプルが最初からDEを規定するものとして明示されていたわけではなく、まさに「発展的」に見出されたという点である。「私たちは、発展的評価についてのレシピのような、あるいはチェックリストのようなアプローチを避けたかった」（Patton 2016, p.254）という考えは、DEを発展的に発展させる（！）というアプローチを体現している。パットンとのやりとりを続けていると、彼は、「それは状況次第（Well, it depends.）」という受け答えをよくするのに気が付く。これも含め、DEの状況適応型な性格を捉え、筆者を含めDE研修参加者の間では、「それはDE的だから」という言い方が流行った。氏がDEを初めて一冊の本にまとめた2011年の段階で、「なにをもってDEと言えるのでしょう？」と尋ねていたら、「それは状況次第」と私たちを煙に巻いていたかもしれない。DEは、DE的に発展してきているのである。

　注意すべき二点目は、8つの要件に序列や選択の余地があるわけではなく、「評価が『DE』というラベルに値するためには、（中略）すべてのプリンシプルが、ある程度、何らかの方法で適用されている必要がある」（Patton 2016, p.255）という点である。8要件は選択可能なリストではなく、評価が置かれている文脈を意識した上で、8項目すべてを必須として扱わなければならないとされる。ただし、繰り返すが、それは8項目をチェックリストとして扱うということではない。逆に、DE評価者は8つのプリンシプルを質的調査の出発点として扱い、与えられた文脈において意識を高める羅針盤としてこれらをDEに活用するというアプローチをとる（Patton 2016, p.254）。これについては第6章であらためて解説する。

3　評価そのものの発展を支援する発展的評価とは？

　ここまでの記述でわかるように、DEはつねに「従来型評価」（それがどんなものであれ）のあり方を疑い、評価の体系の殻を打ち破るような発想を評価者に与えてきた。本章の「評価そのものの発展を支援する発展的評価の機能」がDEの新しい目的の一つとして認知されたことも、「評価も進化しなけ

ればならない」という考えを基盤に置いている。DE を起点に考えるならば、
そもそも評価者が得意としてきた事業やプログラム単位の評価行為が、果た
して現代の課題に応えるための評価であるのかという自問自答の問いが出て
くるのも自然なことである。「そのような時代に、なぜ私たち（評価者）は『プ
ロジェクト』や『プログラム』の評価に忙殺されているのでしょうか。なぜ、
その評価が行われている大きな枠組みや文脈やシステムに関与することはお
ろか、それを理解することすらしないでいられるのでしょうか」（Ofir,
2018）。この点は、評価を通じて事業のアカウンタビリティを確保すること
と密接に関連している。評価そのものを発展させるということは、アカウン
タビリティの概念やアカウンタビリティを果たすということが具体的に誰に
対して何を遂行することなのかの再考を迫ることとなる。パットンは、アカ
ウンタビリティの三層構造という論を展開しており、そこでは、円滑なマネ
ジメントのため（第一層）、インパクトを示す（第二層）、学習・発展・適応
を示す（第三層）という概念進化が描けるとする（今田 2020, pp.218-219）。
評価の発展は、アカウンタビリティ概念の発展と不可分のものである。

　第 6 章で述べるように、DE の発展の道筋で誕生したブルーマーブル評価
には、グローバルなシステム変革という大きな野心がある。「従来のプロジ
ェクトやプログラムの評価では、地球規模でのシステムチェンジには対応で
きない。（中略）実際、こうした伝統的な評価手法は、変革のビジョンを評
価者が慣れ親しんだ手法に従った狭いプロジェクトの箱に押し込めることで、
システム変革の障壁となってしまう可能性がある。」（Patton 2020, p.30）

　評価そのものを発展させるカンフル剤として、DE は発展し続けている。

注
（1）例えば、コレクティブ・インパクトにおける評価のあり方について、このよ
　　　うな評価 3 段階の説明が見られる（Preskill, et al 2014, p.19）。
（2）CSO ネットワークでは、日本財団の助成を得て、2017-18 年度の 2 ケ年度にわ
　　　たり、「伴走評価エキスパート研修」事業名で、DE 研修を実施した（https://
　　　www.csonj.org/activity2/human-resource, 9/10/21 アクセス）。
（3）協働評価の専門家である Bradley Cousins 氏からの質問。発表の際に使用し

たDEの 解 説（英 語 版）は こ ち ら（https://prezi.com/eqbamsx8h-77/practising-de/?utm_campaign=share&utm_medium=copy, 9/10/21 ア ク セス）。同じものの日本語版はこちら（https://prezi.com/my8gkimhpcch/de_ver15/?utm_campaign=share&utm_medium=copy, 9/10/21 アクセス）。
（4）2017年 7 月、DE研修準備のためのパットンとのミーティング（ワシントンDC）において。
（5）評価的思考に関しては、第 6 章および今田（2020, pp.220-221）参照。
（6）Principleは、通常、「原則」、「指針」などの訳語が使われるが、ここでは敢えてカタカナで表記する。詳しくは第 6 章参照。
（7）これらについての説明として、ブルー・マーブル・ジャパンではスライド形式での解説を作成している（https://www.blue-marble.co.jp/survey-research/de-exemplars_2109/　参照, 9/10/21 アクセス）。

参考文献

Ofir, Zenda（2018）"The Responsibility of Evaluators," September 18, 2018. https://zendaofir.com/the-responsibility-of-evaluators/（9/10/21 アクセス）

Patton, Michael Quinn（2011）*Developmental Evaluation: Applying Complexity Concepts to Enhance Innovation and Use.* New York, NY: Guilford Press.

Patton Michael Quinn（2016）, "What is Essential in Developmental Evaluation? On Integrity, Fidelity, Adultery, Abstinence, Impotence, Long-Term Commitment, Integrity, and Sensitivity in Implementing Evaluation Models," *American Journal of Evaluation*, Vol. 37, No. 2, pp.250-265.

Patton, Michael Quinn, Kate McKegg & Nan Wehipeihana（eds.）（2016）*Developmental Evaluation Exemplars*: Principles in practice. New York, NY: Guilford Press.

Patton, Michael Quinn（2020）*Blue Marble Evaluation*, New York, NY: Guilford Press.

Preskill, Hallie, Marcie Parkhurst and Jennifer Splansky Juster（2014）*Guide to Evaluating Collective Impact: Learning and Evaluation in the Collective Impact Context*, Collective Impact Forum & FSG

https://www.collectiveimpactforum.org/resources/guide-evaluating-collective-impact（9/10/21 アクセス）

源由理子（2020）「「プログラム評価」とは」山谷他編『プログラム評価ハンドブック』晃洋書房。pp.19-30。
今田克司（2017）「発展的評価について考える（その1～「型」を求めるのか、それとも……）」CANPANブログ
https://blog.canpan.info/csonj/archive/6（9/10/21 アクセス）
今田克司（2020）「NPO事業評価」山谷他編『プログラム評価ハンドブック』晃洋書房。pp.212-224。

第6章

グローバル課題の解決における評価の役割：ブルーマーブル評価の前提と基本

今田 克司

第1節　はじめに

　前章で見たように、パットンは、発展的評価（DE）の基本的な理解、変化の激しい外的状況を鑑みた新しい目的について解説し、多様な背景や文脈に依存する性格をもつ発展的評価と、文脈依存性を重視する日本の伝統との親和性が大きいことを、10の日本語のことばを引いて表した。本章では、前章およびその解題を受けて、DEの一つの帰着点としてのブルーマーブル評価を紹介する。ブルーマーブル評価とは、端的に言い表せば、グローバル課題の解決に評価の力を総動員することといえる。ブルーマーブル評価では、グローバル課題の解決には以下が必要で、それぞれにおいて、評価が大きな役割を果たすと考える（Patton 2020, p.1）。

● 　国境、セクター、分野の「たこつぼ」を超えた思考と実践を行うこと
● 　グローバルと地域の課題を連動させる発想をもつこと
● 　人々の課題を地球生態系の課題と直結させること
● 　グローバルなシステム変革を志向する人々に評価的思考を注入すること
　これらについてよりよく理解するために、DEの基盤となっているプリンシプルの考え方から説明を始めてみよう。

Key Word：プリンシプル、複雑性システム、感受概念、評価的思考、ブルーマーブル評価、ブリコラージュ、人新世

第2節　プリンシプルとは？

　前章解題において、DEをDEたらしめる8つのプリンシプルを紹介した。通常、「原則」、「指針」などの訳語が使われる英単語だが、パットンはこの単語に特別の意味を付与しているため、ここではカタカナで表記する。ニュアンスとしては「原則」よりもやわらかいことばで、「行動指針」に近い意味だが、「行動指針」よりも身近で日常的な事象でも活用される。日々の思考や行為で持っているべきコンパスのようなイメージに近い。ただし、複雑系システムを前提にしているというのが、DEにおけるこの用語の大きな特徴となる。DEからブルーマーブル評価への連なりを考察する上で、プリンシプルの理解は欠かせない。

1　3種類のシステム

　前章解題においても、「レシピのような、あるいはチェックリストのようなアプローチを避けたかった」（Patton 2016, p.254）というDEの特徴を紹介したが、DEと不可分のプリンシプルはチェックリストのように扱うものではない。パットンらは、物事の体系（システム）を、単純系、煩雑系、複雑系の3種類に大別したうえで、単純系のシステムにおける模範例として「ケーキを焼く」、煩雑系においては「月をロケットに飛ばす」、そして複雑系において「子どもを育てる」を用いている（ウェスリー他, 2008）[1]。

　現代社会の課題の一つに、物事の体系が煩雑系か複雑系かの区別が難しくなっていることが挙げられる。これは、複雑系として対処しなければならない課題の多く（例えば様々なグローバル課題）が、煩雑系の課題として扱われているため、効果的な課題解決につながらないという問題と連動している。ビジネスや社会課題解決の現場でシステム思考が注目を浴びているのもこのことと無縁ではない。

　3つのシステムにおける成功のコツと因果関係の考え方を整理すると、次のようになる。煩雑系と複雑系システムの峻別の仕方の一つに、因果関係が

150

表6-1　3種類のシステム

単純	煩雑	複雑
ケーキを焼く	月にロケットを送る	子どもを育てる
• レシピが不可欠 • レシピは誰がやってもうまくいくように検証済 • 特別な専門能力は不要だが、経験を積めば成功率が向上 • レシピがよければ毎回ほぼ同じケーキが焼ける • 最良のレシピがあれば毎回よい結果を出せる	• 厳密な計画や公式が必要 • 一度ロケットを月に到達させれば次回からの成功率が向上 • 成功させるには多様な分野の高度な専門能力とトレーニングが必要 • ロケットの成功条件は毎回必ず同一 • 結果の確実性が高い	• 厳密な計画は部分的にしか役に立たないか逆効果 • 子どもを一人育てれば経験にはなるが、下の子もうまくいく保証はない • 専門能力は役立つこともあるが、すべての子どもに有効とはかぎらない • 子どもは唯一無二の存在、個として理解しなければならない • 結果の不確実性が残る

（ウェスリー他 2008, p.30 より一部改編）。

表6-2　システムごとの成功のコツと因果関係

	成功のコツ	因果関係
単純系システム	おいしいケーキを焼くレシピのコツは、材料の量と調合の順番を間違えないように気をつけること。	比較的簡単に知ることができる。予測可能性が高く、結果の管理ができる。
煩雑系システム	ロケットを月まで飛ばせるようにするには、部品が精確な要件を満たしていることと、設計図に従って細部にいたるまで忠実に組み立てることが必須となる。	調査研究・観察などによって因果関係をつきとめることができる。多くの変数が関係し、一様に予測することは困難だが、管理を徹底することによって、期待する結果を導くことができる。
複雑系システム	子どもの育て方に正解があるわけではない。身体機能などの部分と健全な成長の全体は不可分であり、部分と全体や外部（例えば親）との関係性、経験の積み重ね、時間の使い方など、多種多様な要素が絡まる。	介入の結果が介入自体に影響を与えるなどの自己言及性があるため、因果関係を確立することは不可能であり、よって、管理によって特定の結果を導くことはできない。

（Westley, Zimmerman and Patton 2006, p.9、Patton 2011, p.92 より筆者改編）。

「可知」かどうかがある（Patton 2011, p.92）。この点は、因果関係の証明を科学の進歩と考える科学論にとっても大きな問題で、それが評価研究にも波及するものとなっている。

　DEはソーシャル・イノベーション支援のための評価として始まった。ソーシャル・イノベーションの多くは複雑系システムを舞台にしているため、

煩雑系システムで機能するやり方では評価が成立しにくいという性質をもっていることがDEが必要とされる一因となっている。

2　複雑系ではルールは役に立たない

プリンシプルについての理解を進めるために、それと対比される概念との比較でいくつか説明を試みてみよう。まず、プリンシプルとルールの違いについては、プリンシプルの理解において、よく引き合いに出される。

ルールとプリンシプルのどちらを適用するのがより適切なのかは、**表6-3**における例示が単純系または煩雑系のシステムなのか、複雑系のシステムなのかによる。単純系、煩雑系であれば、ルールを適用すればよいが、複雑系ではプリンシプルの適用を考える必要がある。また、システムが複雑系の場合でも、行為者の能力によってはプリンシプルの適用が難しい場合も考えられる。パットンは、ルールを的確に適用して発現した状態をベストプラクティス（最善の慣行）と呼び、プリンシプルからはベストプラクティスは生まれないと指摘している。「ベストプラクティスは、何をすべきかという具体的な処方箋から生じるものであり、それに対して、プリンシプルは、状況に応じて解釈し、適用し、適応しなければならないガイダンスである」（Patton

表6-3　ルールとプリンシプル

例示	ルール	プリンシプル
調理	塩小さじ 1/4 を加える	塩加減を調節する
スタッフ会議	毎週 1 時間以内のスタッフ会議で週の仕事を始める	スタッフの状況や会議の目的に従って必要に応じて定期的にスタッフ会議を行う
学習	小学校就学児童は毎日最低 15 分読書する	すべての児童は興味と能力に従って定期的に読書をする習慣をもつ。
運動	毎日 30 分の有酸素運動をする	年齢とライフスタイルに合った、自身のフィットネス・健康目的に応じて継続可能な運動スケジュールを立てる
子どものテレビ視聴	テレビを観る時間は 1 日 1 時間に制限する	子どもが継続的に成長するように、様々な活動を用意し、テレビ視聴については、その時間や内容をモニターして適切な制限を設ける。

(Patton 2017, p.50)

152

2011, p.168)。例えば、子育てにはベストプラクティスという考え方は馴染まない。「子育てにレシピや特定のルールは存在しない。しかし、"それぞれの子どもの個性を育てる"というような、効果的なプリンシプルは存在する。」(Patton 2011, p.167)。

　プリンシプルは複雑系システムにおけるガイダンスであるというのが、プリンシプルという用語の大きな特徴になっている。そして、DEは、「イノベーターが効果的なプリンシプルを特定し、それを状況に適用させ、成長させていくのを手助けするものとなるのである」(Patton 2011, p.167)。評価一般でこれを考えてみると、「ベストプラクティスの普及のための評価は、モデルへの忠実な遵守を検証することに重点を置く。一方、効果的なプリンシプルの普及のための評価では、プリンシプルの文脈に応じた解釈と適用を把握し、その効果と結果を評価し、それらをフィードバックして、プリンシプルに基づく継続的な状況への適応に役立てることに重点を置く」(Patton 2011, p.168) となる。

　さらにいえば、ルールにはそのルールを設定した権威に従うという暗黙の了解がある (Patton 2017, p.172)。これに対し、プリンシプルに従って行動するということは、自らをルールや外部の権威から解き放ち、一定の根拠をもとに自らの思考を駆使し、自らの判断軸に従って行動することにつながる。

3　プリンシプルとバリューの違い

　筆者らがDEについての研修を行った際、プリンシプルについて説明すると、「組織のビジョン、ミッション、バリューのうちのバリューのようなものですか？」という質問を何度か受けた。この点について少し整理してみよう。

　NPOなど、非営利組織の経営において、このカタカナ3点セットはよく目にする。ビジョン（組織が目指す社会とはどのような社会なのか）、ミッション（その社会に向かうために組織は何をするのか）、バリュー（組織が活動する上で拠り所とする価値観はなにか）を明らかにし、関係者と共有することが、健全な組織運営の根幹にあると、この3点セットは教える。確か

に、プリンシプルはこの3点セットにおけるバリューと近接する概念であるといえる。ただし、プリンシプルを保持し活用する単位は組織に限らない。特定の集団の文化や行動様式、志を同じくする集団の信条や信念なども含め、プリンシプルは意図した行動に対し、価値に基づいた特定の方向づけを与えるものとなる。

パットンは、「バリューはプリンシプルに組み入れられ、プリンシプルによって表現される」（Patton 2017, p.125）、「バリューは、プリンシプルによって行為の表出へと転換される」（Patton 2017, p.125）、「プリンシプルは、バリューによって基礎付けられているのと同時に、私たちにバリューとの言行一致を迫る」（Patton 2017, p.121, 172）などでこの2つの概念の関係性を説明している。つまり、私たちが保持している価値体系（すなわちバリュー）は、それをプリンシプルとして表現することにより、行為体系に変換されるのである。

ここにおいても、プリンシプルを中核に置くDEがソーシャル・イノベーション支援のための評価として始まったことが関係する。多くのイノベーターは特定の結果を出すことよりも、価値観を活動の中核に置いていることが多い。複雑系システムにおいては、結果には不確実性や予測不能性がつきまとい、結果を管理しようとしても限界がある。アウトカムからバックキャストすることよりも、むしろ価値観を中心に置き、それがプリンシプルのレベルで表出された行動を検証することで「活動がブレない」ことを保証することにつながるという考えが、DEが一定の支持を得る要因となっている（Patton 2017, p. 121）。

4　プリンシプルとフォアキャスティング

バックキャスティング、すなわち「未来からの逆算」は、日本ではSDGs（持続可能な開発目標）を契機に広まったが、ソーシャル・イノベーションやプログラム評価の世界においては、ロジックモデルなどでお馴染みの概念である。まず目標を定め、そこから「どうすれば（どうなれば）そうなるか」と

いう論理をつなぐ思考実験を繰り返すことによって、直近のアクションを定めるという計画・作戦の際に活用する。あるいは、予期すべきアウトカムから因果仮説を立て、その仮説に従って事業介入を行うことで、実際に仮説通りのアウトカムが生起するかを検証する場合の、「アウトカムから考える」部分がバックキャスティングとなる。

　DEでは、バックキャスティングとフォアキャスティング（現在からの順算）のどちらかが優位という考えは取らない。ただし、プリンシプルはフォアキャスティングの有用性を指し示している。複雑系の世の中では、予測が難しく、自分たちの活動や介入の結果も思わぬ要因に左右されたりする。プリンシプルにより、私たちは、バックキャスティング思考の効用を認めたうえで、それには限界があること、フォアキャスト的なやり方の価値を見直し、その方法を洗練させていくことに意義があることに気付かされる（今田, 2018）。

　この点を端的に表すのが「分岐点（fork in the road）」の考え方だろう。ここでの分岐点とは、重大な決断を迫られる岐路の意味で、イノベーターが、（特にあとから考えて）大きな判断ポイントに立たされたときの的確な判断基準をいかにもつかを問題にする。DE評価者は、イノベーター支援（より正確にはイノベーターの意思決定支援）という性格上、そのような場面で的確な基準を提示できることが望ましい。いずれにせよ、評価者である限りは何らかの事実特定をもとに基準の根拠を提示することになるが、バックキャスティング思考においては、どの道がより求めるアウトカムを達成する可能性が高いかという基準を中心に考えることになるのに対し、フォアキャスティング思考においては、プリンシプルを中心に考えることになる。どの道が、イノベーターが重きを置く価値により忠実な道なのかについて、プリンシプルが指針を提供する。複雑系システムにおいては、関与する変数が多い、事態が流動的である等の理由で、介入ロジックが描ききれない場合が多い。そのような場合に、「活動がブレない」とは、志向するアウトカムに忠実であるより、保持するプリンシプルに忠実に行動することを意味する場合が多くなる。

5 プリンシプルとフィデリティ

パットンがプリンシプルの説明でよく用いるのが、フィデリティとの対比だ。評価におけるフィデリティ、すなわち忠実度とは、「介入の実施が、当初開発されたプロトコルやプログラムモデルにどの程度まで準拠しているか」（Mowbray et al. 2003, p.315）を検証することとされる。「従来型評価」（前章解題参照）においては、フィデリティの検証は特にプロセス評価で用いられ、形成的評価の有用な方法であると考えられる。実施された介入が、事前に設定された介入の手順や方法に「忠実」である程度を評価することになる。

一方、DEは、「従来の『フィデリティ』に対するアプローチとは大きく異なるもので（中略）、DEのプリンシプルは、文脈に応じて解釈・適用されなければならないもの」（Patton 2016, p.254）とされる。介入の可変性や流動性を加味した場合、あらかじめ定められた手順や方法に依拠すべき場合とそうでない場合があるというのは容易に想像できる。プリンシプルはルールではないので、直接具体的な行動を規定するものとはならない。文脈に応じて解釈・適用するには、評価者の力量が問われることになる。

第3節　プリンシプルを感受概念として活用する

以上において、DEにおけるプリンシプルという概念に込められた基本要素について、いくつかの角度から考察してみた。しかし、前章解題および本章冒頭において紹介した、DEにおけるプリンシプルはチェックリストではないという意味を理解するには、プリンシプルの解説をもう一段進めなければならない。そこでのキーワードが感受概念である。

1 感受概念

「感受概念」は、もともと社会学者でシンボリック相互作用論を開発したブルーマーが質的調査、特に参与観察法において用いられる方法論として普

及させた概念で、対象を精確に指定する「定義的概念」の対極に位置するものと理解される。質的調査の特に初期段階において、調査対象の言葉遣いや特定の用語に込められた重み等を頼りに観察者に概念整理の糸口または手がかりを与えるものとなる。社会調査において、観察者の予見やバイアスが邪魔をして社会事象の背後にある重大な意味を見落としてしまうことはあってはならないが、まったくの白紙の状態では意味のあるものもないものも観察者の目をすり抜けてしまう（Patton 2002, pp.278-279）。そこで、感受概念をいわば「容れ物」として活用することで、表出しているパターンや意味合いをよりよく理解することができるというのだ（Patton 2011, pp.270-271）。

　プログラム評価においては、事業目標、プログラム理論、インプット、アウトプット、アウトカム、ロジックモデルなどが「容れ物」、すなわち感受概念の役割を果たす（Patton 2002, p.280）。評価者は、これらの概念に相当するものを評価対象の中から見つけに行くことによって、プログラム評価の一定の枠組みにおいて観察対象である社会事象や介入を理解・解釈することができる。

2　感受概念としてのプリンシプル

　パットンはこの考えを一歩進めて、DEにおけるプリンシプルは感受概念の役割を果たすと説明する。興味深いのは、DEにおける要件定義ともいえるプリンシプルをDE評価者が話し合いから規定する過程で、この発見がなされたという点だ。前章解題で述べたように、DEにおける8つのプリンシプルは、「あれもDE、これもDE」というDE流行の風潮の中で、特定の評価がDEであるかないかを規定する8要件として編み出された。しかし、「評価が『DE』というラベルに値するためには、（中略）すべてのプリンシプルが、ある程度、何らかの方法で適用されている必要がある」（Patton 2016, p.255）というのはどういうことだろうか。やや長く、一部繰り返しも含まれるが、DE評価者が話し合いでDEのプリンシプルを編み出した経緯を説明した次の引用を見てみよう。

私たちは、DEにおける主要な概念や要素を実践するために、レシピ
やチェックリストで解説するようなアプローチを避けたいと考えました。
その代わりに、私たちがたどりついたこれらのプリンシプルは、DEで
明示的に取り組まなければならないが、「いかに」や「どの程度」取り
組むかは状況や文脈に依存する、感受概念です。これは、従来の「フィ
デリティ」に対するアプローチとは大きく異なるものです。フィデリ
ティとは、あるアプローチを毎回まったく同じ方法で実施すること、レシ
ピや高度に規定された一連の手順を守ることを意味します。一方、DE
のプリンシプルは、文脈に応じて解釈・適用されなければならないもの
で、ただし、評価が真の意味で十分にDEであるとみなされるためには、
すべて何らかの方法と程度で適用されていなければならないものです。
　DEに対してフィデリティ基準を適用する代わりに、私は、DEへの感
度がどの程度明示されているかで評価をDEと呼べるかどうかを検証し
たいと考えます。フィデリティの代わりに、私は評価アプローチのDE
としての真正の度合いを検討したいと思います。DEが真正であるため
には、DEの本質であるプリンシプルが、過程と結果の両方、評価デザ
インと評価結果の利用の両方において、文脈に適する形ではっきりと明
示されていなければなりません。なので、私がDEの報告書を読んだり、
DEの関係者と話をしたり、会議でDEのプレゼンテーションを聞いたり
するときには、DEのプリンシプルがいかに機能し、その結果何が行われ、
何が生じたのかを見る／察知する／理解することができなければならな
いのです。

　　（Patton 2016, p.254）

　DEにおけるプリンシプルが感受概念であるということは、評価者の意識
が８つのDEプリンシプルの「容れ物」を持つことを意味する。前章解題で
掲載した８つのプリンシプルを再掲してみよう。

158

1．発展的な目的
2．評価の厳格さ
3．実用重視
4．イノベーションとの親和性
5．複雑系の観点
6．システム思考
7．共創
8．タイムリーなフィードバック

　社会事象の現れ方やプログラム・介入の実施のされ方は時間や場所や状況によって変化するが、これら8つの「容れ物」を持ったDE評価者は、評価の取り組みにおいて、常にこれらに入る内容物を探し、吟味し、対話の材料とすることになる。これが、DEにおけるプリンシプルはチェックリストではないという意味である。

第4節　DEにおける評価者の役割

　前節において、DEにおけるプリンシプルは感受概念として活用するものという考え方を紹介した。では、プリンシプルを活用するDE評価者は、評価対象とどのように向き合うべきなのだろうか。パットンは、8つのプリンシプルが、DE評価者のマインドセット（基本的態度）を形作ると述べ、この態度が「ソーシャル・イノベーションの発展における評価の役割についての考え方と、イノベーションの進化プロセスにおけるソーシャル・イノベーターとの協働の仕方」の基礎となると説明している（Patton, McKegg and Wehipeihana 2016, p.291）。

　前章解題において紹介した日本におけるDE研修においても、DE評価者の立ち位置はしばしば話題になった。プログラム評価一般において、評価者は外部者の場合と内部者の場合が想定されるが、DEは、イノベーターの支援が基礎なので、基本は外部者だが、日本における伴走支援者や「壁打ち役」

の役割に近いものとなり、「伴走評価者」という用語も活用している。伴走という用語には、主役はあくまでも伴走相手という含意があり、それはDEにおいても大事な観点となるので、英語圏のDE関係者にも banso という用語の紹介も始めている（Gamble, McKegg and Cabaj 2021, p.20）

1　評価者の役割の変容

前章解題および上記で述べたように、パットンらは2016年の著書である『DE模範集』においてDEにおける8つのプリンシプルを打ち出した（Patton, McKegg and Wehipeihana, 2016）。これに掲載されたDEの評価事例をまとめるにあたって、DEがいかに従来型評価と異なるかを解説している。従来の評価では、イノベーションの舞台となる高度に創発的で複雑な状況にうまく対応できず、結果として評価が本来発揮すべき力を発揮できていなかったとして、イノベーションの性格に見合った評価としてDEを実践から生み出していった経緯が書かれている。

そういった評価において、評価者が持つべきはすでに確立された方法論やツールの適用ではない。むしろ、確立された方法論やツールは、DE評価者が行うべき評価の邪魔をする場合も多い。DE評価を効果的に実施するには、評価者のマインドセットの更新こそが必要となる。そこで求められるものは、以下のように幅広い。

- 継続的、反復的、即応的、状況適応的な評価アドバイスを行うこと
- 進化するイノベーションを主体的に動かすイノベーターと密接に連携すること
- 通常の評価業務以外（ファシリテート、各種折衝、カウンセリング、調停役等）含め、幅広い役割をこなすこと。そして、それらの役割をイノベーターと共有することで、イノベーターも評価者になること
- 幅広い分野や学術領域に存在するツールやアプローチを必要に応じて縦横自在に活用すること

（Patton, McKegg and Wehipeihana 2016, pp.274-276）。

表 6-4　DE 評価者の役割

状況適応型の戦略支援	DE 評価者は、ソーシャル・イノベーターを支援して、評価のための質問を明確にし、データ（一次および二次）を収集して意味を理解し、結論を導き出し、さらなるイノベーションの発展（新たなオプション、シナリオ、質問など）のための学びを明らかにし、結果を戦略の進化に役立てることを促進します。これは DE 評価者の必須の役割であり、おそらく普遍的なものです。
重要な課題と暗黙の了解事項を明確に表出させる	DE 評価者は、イノベーターが取り組みたい課題をより明確に表出させるための支援を行います（例：課題は高校の卒業率なのか、それとも豊かな市民の育成なのか？）。DE 評価者は、必要な実践の要素（例：新しい、革新的である、状況適応的である）を、その重要性や現在の実践とどの程度乖離しているかを含めて記述します。また、重要な概念や暗黙のセオリーに関する想定事項を明らかにし、ステークホルダーの理解がどの程度一致しているかを確認します。時間の経過とともに、評価者は、取り組もうとしている課題の性質や、新たなイノベーションに関連してうまくいくものといかないものについて、新たな質問を用意し、洞察を深めていきます。
発展状況の継続的な把握・追跡	DE 評価者は、イノベーターが取り組みたいと考えている課題の説明、主要な文脈上の影響、その課題に取り組むための考え方や選択肢、予想される結果と成功の基準、進め方を形作る重要な考慮事項など、取り組みの初期条件を記述します。取り組み開始後には、評価者は、道の分岐点、主要な意思決定ポイント、文脈の重要な変化、結果や学習内容など、取り組みで生じる主要な進展を継続的に把握・追跡します。
小規模な探り、介入、迅速な実験テストの支援	DE 評価者は、新たなイノベーションの一部またはすべての部分のプロトタイプの設計と迅速な反復テストを支援し、イノベーションが望ましい変化にどの程度貢献する可能性があるかの評価を含め、初期段階の結果について結論を出します。
学習のプロセスの記録	DE 評価者は、イニシアチブの意図、設計、実施における主要な変更点、および期待される結果を、各主要な変更点の根拠、データ、証拠を含めて記録します。これは、学習したこと、その学習の意味、学習の結果として取られた新しい方向性や行動の評価を報告することで、説明責任を果たすことにつながります。また、重要なプロセスの必要性や戦略的アプローチが回避されていたり、逆にやりすぎていたりする場合には、DE 評価者は人々に注意を促します。
共同作業のダイナミクスを理解し、ナビゲートする	DE 評価者は、イニシアチブの中で出てくるパラドックス、ジレンマ、ステークホルダーの合意のありなしを追跡します。DE は、これらの緊張関係を明確にし、それらが取り組みの進化する意図、設計と提供、そして結果にどのように影響するかを明らかにします。多くの場合、このような緊張関係は、革新的なことが取り組まれていることを示す指標であり（決して容易ではありません）、一般的には、前提条件の根本的な違い、重要な概念の理解、または暗黙のセオリーの違いの結果であることが多いです。また、評価者は、イニシアチブのステークホルダーが同業者や彼らが活動する広範なシステムのステークホルダーから受ける可能性のある抵抗を評価することもあります。
評価結果の活用を促進する	DE 評価者は、ソーシャル・イノベーターが評価結果や質問を利用して、新たなイノベーションについての結論や判断を下し、次のステップについての意味合いや意思決定を行うことを促進することができます。

（Gamble, McKegg and Cabaj 2021, pp.25-26）

2　DE評価者の役割再訪

　DEは常に進化と発展を遂げているので、DEやDE評価者の役割を一義的に規定するのは避けなければならない。本稿執筆時点において、DE評価者の役割を最も端的に整理しているのは、カナダのマコーネル財団（McConnell Foundation）が2021年5月に発表した約70ページの小冊子、『DEコンパニオン』における記述だろう（Gamble, McKegg and Cabaj, 2021）。これは、主著者のギャンブルが2008年に発表した『DE入門書』（Gamble, 2008）の全面改訂版で、当初の入門書からのDE自体の進化を表現するものにもなっており、DE評価者の役割が前ページのようにまとめられている。

　このように、DE評価者には多種多様な技能・能力が求められる。日本の読者には、前述の伴走支援者のイメージが近いだろう。同時に、筆者らが行った研修事業においてアドバイザー兼トレーナーとして関わったマッケグは、DEが単なる伴走者ではなく、評価者であることを繰り返し強調していた。上記の役割にもあるように、質問を明確に表出させること、状況を正確に記述すること、データ収集とその理解、継続的な記録や把握・追跡、戦略の進化支援、価値判断（結論を出す等）の支援を通じて、イノベーターがよりよい意思決定ができるように支援するのがDE評価者の役割であり、それには高度な専門性と関係構築力が必要となる。

第5節　評価的思考

1　評価的思考とは？

　これまでの記述で明らかなように、DEにおいては、特に状況適応力やイノベーターとの関係構築力、伴走力において、評価者の力量が問われることとなる。それらの力量の基礎となる能力として、評価的思考について概説しておきたい。評価的思考（Evaluative Thinking）は、特にDEに求められる能力というわけではないが、特に北米において、DEの普及もあいまって脚

光を浴びているものといえる。バックリーらは、「評価的思考」とは、「基本的には、批判的思考を評価の文脈に当てはめたもの」（Buckley, Archibald, Hargraves & Trochim 2015, p.376）と述べ、次の定義を提示している。

　　評価的思考とは、批判的思考を評価の文脈に当てはめたものであり、好奇心に駆られ、エビデンスの価値を信じて、物事の想定事項を見える化し、思慮深い質問を投げかけ、内省や視点の選択を通じて物事の深い理解を追求し、状況をよく理解した上での決断を下し、行動を用意する認知プロセスである（Buckley, Archibald, Hargraves & Trochim 2015, pp.378）。

　2018年12月、日本評価学会の大会に米国からビデオ出演したアーチボルドは、なぜ評価的思考への注目が高まっており、なぜこれが今日的な課題に応える概念なのかについて、（1）社会のエビデンス志向が強まるにつれ、評価の役割に対する関心が高まっており、（2）「価値づけ」、「価値の引き出し役」としての評価が注目されており、（3）評価キャパシティビルディングの動き、協働型・参加型評価の実践の増大などの評価の民主化が進んでおり、（4）発展的評価に見られるような複雑系理論の評価への応用が進展しているからという4つのポイントから解説している（今田 2020, pp.220-221）。
　パットンは、評価的思考を批判的思考の一つと位置付ける考えが一般的だとしたうえで、この理解は「一面的だ」としている（Patton 2018, p.12）。パットンによれば、評価的思考は、評価論の歴史において展開されてきた論理の構成や価値の生成といった評価における基本要素と密接に関わるものにほかならない。例えば、米国の評価研究において巨頭とみなされるスクリヴェンが「評価ロジック」と呼んだものは、評価に特有の「思考・推論プロセス」（Scriven 1995, p.49）のことを指し、今日、評価的思考として注目されているものの源流の一つとパットンは考える（Patton 2018, pp.17-18）。シュワントは、この論を進め、法や保健・医療など、学術・実践における各種の専門

領域には独自の思考形態があり、評価における思考形態こそが評価的思考であると考える。そして、評価的思考の独特な点は、評価における価値判断に到達するための観測データ（非評価的データ）と価値軸を統合する手続き的ロジックに支えられている点だとする（Schwandt 2018, pp.126-127）。

　このように、評価的思考は評価論の中核に位置するものと考えられるが、さらに、これを個人に属するものに限定せず、「意味づけの社会的実践」（Schwandt 2018, pp.126）と位置付ける考えも存在する。この考えによれば、そもそも思考は社会的現象であり、よってその分析単位は個人ではなく、社会の意味を協働により形成する集団となる（Schwandt 2018, p.130）。そこでは、評価的思考の重要な要素には対話による社会的意味づけの一連の過程やその省察が含まれ、従ってそれは熟議による意思決定や民主主義的手続きのあり方の議論から切り離せないものとなる。

2　DEと評価的思考

　これに従えば、DEとは、DE評価者とイノベーターが評価的思考のキャッチボールを繰り返すものである。そこでは、DE評価者は、イノベーターやその関係者から構成されるイノベーションを担うコアな集団が、評価的思考を駆使して適切な意思決定を下すことができるように導くファシリテーターとなる。この機能においては、DE評価者は聞き役、引き出し役、暗黙の想定・了解事項の掘り出し役、イノベーションに関わる関係者の関係性を可視化する役などを担うこととなる。そのような過程において、イノベーターにも評価的思考が養われていく。この意味で、評価的思考は評価専門家以外の評価キャパシティビルディングに直結するもので、DEは、イノベーターに評価キャパシティを注入する強力なツールともなりうるのが見て取れよう。アーチボルドも、評価の専門家以外が仕事のルーチンなど日常レベルで評価的思考を意識することが大事であり、一方で、評価が定式化されることによって評価的思考が効かない評価活動になってしまうこともあるという警鐘を鳴らしている（今田 2020, pp.220-221）。

第6節　ブルーマーブル評価

　本章の冒頭において、ブルーマーブル評価とはグローバル課題の解決に評価の力を総動員することと記したが、ここまでの記述によれば、パットンが考える「評価の力を総動員する」という言い分には、特定の文脈に依拠するという条件がついていることがわかるだろう。ブルーマーブル評価は、DEでなければならないものではないし、プリンシプル中心の評価 [2] でなければならないものでもない。ただし、日本の読者が通常考える「評価の力」とは前提が大きく違うことは意識すべきである。ブルーマーブル評価において、本章で述べてきたプリンシプルや評価的思考の理解は欠かせない。パットンや、ブルーマーブル評価を推進しようと考える評価専門家の間では、グローバル課題の解決と本章のここまでの議論は不可分に関係している。

1　プロジェクト・メンタリティのくびき

　持続可能な開発目標（SDGs）は、変革（トランスフォーメーション）を旗印にしている。SDGsの特徴の一つに普遍性、すなわち前身のMDGs（ミレニアム開発目標）がおもに途上国課題の課題解決を目指した国際目標だったのに対し、SDGsは先進国、新興国、後発途上国含め、経済発展の様々な段階にあるすべての国に適用されるとした点がある。とはいえ、貧困、栄養、保健、初等教育など、基礎的な社会サービス分野ではSDGsにおいても途上国課題の占める割合は大きい。「変革」という言葉には、おもに途上国が対象となる国際開発分野において、従来のやり方の積み上げではなく、そもそもの土台からアプローチを変える必要があるという認識が含意されている。

　ブルーマーブル評価を推進する評価者にとって、この「変革」を進めるための必須要素となるものの一つが、プロジェクト・メンタリティのくびきから解き放たれるということだ。前章解題で述べたように、「従来のプロジェクトやプログラムの評価では、地球規模でのシステム変更には対応できない」

（Patton 2020, p.30）という理解である。ところが、このプロジェクト・メンタリティ、すなわち、物事を事業や取り組みの一括りを単位として計画、実施し、その一連の介入を評価するというやり方は、国際開発分野にとどまらず、多くの分野で年月を重ねて実施・精緻化されてきたもので、それを転換することは、評価の課題にとどまらない。ここ10年以上、国際開発の分野ではこのことは認識されており、この転換は大きな課題となっている。事業単位で直接取り組む対象である単独のミクロレベルの課題解決（例えば村落単位での女子の就学状況）が、地域や社会単位でのマクロレベルの課題解決（例えば国レベルでの乳児死亡率の改善）につながらないという問題意識に端を発している。それは、単にロジックが不完全という問題ではなく、そもそものマクロ課題の複雑性が大きな要因となっているため、解決策として、事業単位でなく一連の事業群（これをプログラムと呼ぶことも多い）のまとまりを一括りとして考える方策や、当該国・地域で事業展開する諸機関（国際機関、NGO、地元の行政や地域団体等）のより密接な連携を展開させる等の試み[3]も実施されてきている。

　例えば、グリーンは、国際NGOの研究員として長く携わってきた立場から、物事の予測が難しくなっている時代においては、NGOの実践家はシステム思考をもとにした次のような姿勢を身につけなければならないと説く。

- 柔軟であれ
- 素早く、継続的なフィードバックを求めよ
- 複数の実験を並行して実行せよ
- やりながら（失敗しながら）学べ
- 自らの経験則を見える化し、それについて話し合う機会をもとう
- 異なる関係者を集め、関係構築に努めよ
  （Green 2016, pp.20-22）

　ブルーマーブル評価では、これらの動きを「変革」の名のもとに一層加速させるべきだと考える。パットンはグローバル課題について話し合う多くの国際会議において、提示されている課題が「複雑、多次元的、重層的、分野

の垣根を超えた取り組みを要請するもの、動態的といった特性をもつもので、従って革新的かつ状況適応的な対応を必要とするという認識が会議参加者の間で十分に共有される」(Patton 2019, p.108)のにもかかわらず、それの対応策として示されるものが、変革とはほど遠いものである場合が多いと観察している。それは何よりも、国際開発の関係者がプロジェクト・メンタリティから抜け出せないためで、そこに関与する評価者が持ち込む通常の評価の枠組みは、これを乗り越える方向ではなく、助長する方向で作用してしまっていると指摘する(Patton 2019, p.108)。評価が「問題の一部ではなく解決の一部になる」には評価自体が成長・変革していかなければならないとパットンは指摘する(Patton 2019, p.112)。

2　ブルーマーブル評価のプリンシプル

　では、以上のような前提をもつブルーマーブル評価の内実とは一体どのようなものだろうか。多くの読者はすでにお気づきだろうが、この評価に特定の方法論があるのではない。あるのはプリンシプルである。DEの評価の発展経路と同様に、2019年に発表されたブルーマーブル評価は、プリンシプルを基礎として、今後、評価者の仲間を増やし、グローバル課題の解決を目指す評価者以外のアクターとも連携し、発展していくことが構想されている。以下が、ブルーマーブル評価のプリンシプル一覧である[4]。

　ブルーマーブル評価は、持続可能な世界の実現に向けて、システム変革を目的としたグローバルな取り組みを評価するアプローチです。ブルーマーブル（青いビー玉）とは、宇宙から見た地球を指します。宇宙から地球を見るように、ブルーマーブル評価では、通常は分断されているプログラム、細分化されている介入（＊1）のデザイン、取り組み、実証、実装を統合的に捉え・実践することを志向します。

ブルーマーブル・プリンシプル1-4（統括編）
1．「グローバル思考」プリンシプル
　　システム変更のすべての側面において、地球全体の視野、大局観を持ち合わせること。

2．「人新世」（＊2）プリンシプル
　　我々が「人新世」という時代区分に生きている現実と向き合い、その理解に
　　即して行動すること。
3．「変革（＊3）に連なる取り組み」プリンシプル
　　必要かつ想定されている変革の規模、方向、速度に合わせて物事に取り組む
　　こと。
4．「統合」プリンシプル
　　システム変更や根底からの変革を試みる事業デザイン、取り組み、評価に、
　　すべてのブルーマーブル・プリンシプルを統合すること。

ブルーマーブル・プリンシプル5-16（運用編）
5．「越境」プリンシプル：
　　（国境を越えて）世界規模でアクションを起こすこと。
6．「グローカル」プリンシプル
　　ローカルからグローバルまで様々なレベル間の複雑なつながりを統合するこ
　　と。
7．「脱縦割り」プリンシプル
　　システム変更のためにセクターや問題を越えて関わること。
8．「時の意識」プリンシプル
　　短期では切迫感を持って行動し、長期では状況適応できる持続性の構築に寄
　　与すること。
9．「陰陽」プリンシプル
　　概念が正反対なもの同士を調和させること。
10．「ブリコラージュ（＊4）法」プリンシプル
　　ブルーマーブル・プリンシプルを組み込んだ実用重視の評価をおこない、状
　　況に応じて適切な評価方法を選択すること。
11．「世界に通ずる自己研鑽」プリンシプル
　　ブルーマーブル・プリンシプルとその実践が深まるように、継続的な学習に
　　取り組むこと。
12．「リスクを生きる」プリンシプル
　　「人新世」が今後どう展開するかに、自分自身の利害が関わることを認めて
　　行動すること。
13．「変革理論」プリンシプル
　　エビデンスに裏付けられた変革理論に基づいて、変革をデザインし評価する
　　こと。
14．「変革の見極め」プリンシプル：
　　変革と呼ぶものが真の変革であることを確かめること。
15．「評価の変革」プリンシプル
　　変革を評価できるように評価を変革すること。
16．「介入としての評価」プリンシプル
　　複数の評価を統合し、つなげることで、変革の様態を理解し、変革を推し進

めること。

*注意すべき用語

1. 介入（intervention）：物事の通常の流れに割って入ることで、評価論における頻出単語です。外部評価に限らず、評価は介入の一種ですが、ファシリテーターがワークショップで質問したり、経営コンサルタントが外部者として提案するのも含め、介入はそれまでのやり方の前提を疑う契機を与えるものです。

2. 「人新世」（anthropocene）：アントロポセン。地球温暖化のように、人為的要因によってもたらされたものが地球の地質や生態系に影響を与える時代を指します。地質学上の区分として、新生代第四紀完新世の次の「世」と位置付けられていますが、現段階で学説的に確立されたものではありません。

3. 変革（transformation）および変革的（transformative）：すでに構築されているものの改良・改善を施す改革（reform）と異なり、変革とは、一度土台を壊して作り直す根本的な変化を表します。

4. ブリコラージュ（bricolage）：フランス語で「繕う」「ごまかす」を意味する動詞に由来し、「器用仕事」とも訳される用語で、理論や設計図から作り上げるのと対局に、部品を寄せ集め、試行錯誤しながらものを作ることを示します。

　これらのプリンシプルは、上述のように、感受概念として活用すべきものであり、チェックリストのように使うものではない。ブルーマーブル評価は、DEでなければならないものではないが、DEにおけるプリンシプルの考え方や使い方を基礎としていることは間違いない。その前提で、いくつかのプリンシプルに関して注意喚起をしておきたい。

　まず、「時の意識」プリンシプルは、グローバル課題解決に切迫感を持って取り組まなければならないという課題意識を反映している。SDGsは2030年までの時限性のものであるし、気候変動問題は待ったなしの課題で、国際社会では年限を決めた国ごと等の達成目標を提示している。プラネタリー・バウンダリーの考え方[5] では、気候変動問題を中心に、海洋、大気、水など、地球という惑星がもつ限界とこれを持続可能なものへと転換するための科学的な数値設定の研究が進められている。SDGsの形成過程で作られた国連のメジャーグループの一つには、「子ども・若者」があり[6]、SDGsにおけるステイクホルダーの考え方には、将来世代が含まれることも多い。国際社会

の中で発言権の強くない世代が決定の影響をもっとも強く受ける層であることを意識しなければ、持続可能な社会への転換が追いつかないという危機感の現れである。

「ブリコラージュ法」プリンシプルは、バックキャスティング思考や設計図による事業・評価デザインではなく、プリンシプルを基本に物事（ここでは評価）を進めるという表明で、DEの進め方を評価以外の分野で表現したものといえる。文化人類学の分野において、レヴィ＝ストロースがブリコルールという職人の使う術をブリコラージュと呼び（レヴィ＝ストロース,1966）、その後文化理論、生物学、情報システムなどの学術分野にも転用され、ある程度一般用語としても普及している。パットンはそれをDEの考え方に沿って評価の文脈で解説している（Patton 2011, p.280, 2020, p.101）。

「リスクを生きる」プリンシプル[7]は、グローバル課題の解決や持続可能な社会達成には、私たちすべてが利害をもっているという理解を前提にしている。この理解に立脚すれば、評価者は評価対象の外側に立つ中立的な観測者の立場は保持し得ない。そこで求められるのは以下のような理解である。

- 評価者の評価対象との関係は独立ではなく相互依存関係になる
- 評価者に求められるのは自らの価値体系を評価の営みから切り離すのではなく、それを明示し透明性を持たせることである
- 評価者は、評価対象や内容における評価者自身の利害を意識し、関係者に明示する必要がある

（Patton 2020, p.136-137）

前章解題において、ブルーマーブル評価者の自問自答の問い、すなわち「そのような時代に、なぜ私たち（評価者）は『プロジェクト』や『プログラム』の評価に忙殺されているのでしょうか。なぜ、その評価が行われている大きな枠組みや文脈やシステムに関与することはおろか、それを理解することすらしないでいられるのでしょうか」（Ofir, 2018）を紹介した。この「そのような時代」とは「人新世」の時代であり、これはブルーマーブル・プリンシ

プル2で私たちが生きる時代を表す言葉として紹介されている。「人新世」の時代において、評価者が責任を取るとは、自分たちの評価行為がグローバルな課題解決に（それは小さな力かもしれないが）プラスマイナスの影響を与えていることを自覚し、その自覚の上に行動することとなる。このことが「リスクを生きる」プリンシプルの中核を成している（Patton 2020, 142）。

3　ブルーマーブル評価の世界的展開に向けて

　上述のように、ブルーマーブル評価は2019年に発表されたもので、プリンシプルは明らかにされているが実際の評価実践の積み上げはこれからなので、紹介できる端的な事例が現段階であるとはいえない。今後数年の間に、いくつかの代表的な事例が紹介される機会は出てくるだろうが、それをもって「ブルーマーブル評価とはこういうもの」という結論にはならない。DEがそうであるように、ブルーマーブル評価もプリンシプルを基礎に発展・成長していくもので、ある程度の定型に納まるまでには年月が必要とされる。

　一方で、国際開発の世界ではSDGs達成や他の持続可能な政策・施策の実施のために、多くの資金が使われており、評価も現在進行形で要請され、実施されている。複雑系理論やシステム思考の活用を必要と考える国際機関やNGO関係者は、もはや少数派でなくなってきている。意識は育ってきていても実践におけるノウハウの蓄積はこれからという段階であり、様々な試行錯誤が行われていると言ってよいだろう。

　このような時代状況の中で、例えば米国政府の国際開発機関である米国国際開発庁（USAID）等では、新しい評価のあり方としてDEを試行し始めている。2019年に事業実践者用にまとめたDEガイドでは、DEの特徴に従来型評価と異なる部分が多く、実践の課題が大きいとしたうえで、特に5つの勘所があり、それぞれが緊張関係を生む要素となるとして注意を喚起している。

● 　オーナーシップ：DEの評価対象である事業・介入の関係者が、評価に対してどの程度のオーナーシップを持てるか。これは、現場の文脈に適応した評価がどの程度実践できるか（その度合いが大きい程、現場に近

い関係者のオーナーシップは高まる）によるが、ドナーとの契約に近い
本部スタッフとの間で緊張関係が生まれやすい。

- 参加：DEは介入によって影響を受けるできるだけ広い層の関係者を評価に巻き込み、参加してもらうことでもっとも機能する。ただし、関係者の巻き込みや参加には時間もコストもかかるため、どの関係者にどのような立場・役割でDE評価に参加してもらうか、そしてそれを誰が決めるかは緊張を生むものになりやすい。
- 標準化と個別の文脈対応：多くの国で事業を展開する大手NGO等の組織であれば、報告に一貫性をもたせて説明責任を確保するために、標準的な評価手順を確立している。一方、DEは状況適応型、文脈重視型の評価を志向するので、両者の間には緊張関係が生まれる。
- 長期志向と短期志向：貧困、教育、雇用、格差などの社会課題解決には長期の視野と計画に基づく事業実施が要請される。一方、DEでは、評価で生まれた気づきを継続的でリアルタイムの事業改編等へ活用するという志向性をもつ。この2つの間には緊張関係が生じる。
- 管理と複雑性：従来型の事業では、計画と実施のモニタリングによって、事業管理、事業遂行の確実性、予測可能性を可能にする。一方、複雑系システムの考え方では、特に大規模の計画による管理の限界を指摘する。当然、この2つには緊張関係が生まれ、資金提供、事業デザイン、実施、報告のそれぞれの局面で基本理解の齟齬を表出させてしまう。

  （USAID, et al. 2019, p.2より一部改訂）

　このように、特に国際開発分野における従来の事業計画・実施・報告の一連のプロセスと、複雑系システムやDEが要請する事業デザインや評価に関する考え方の間には大きな溝がある。しかし、グローバル課題解決の取り組みの基礎に複雑系システムを所与として置く考え方はすでに一定程度普及しており、その動きを評価の側から推進する試みの一つが、DEであり、ブルーマーブル評価になっている。この実践をいかに進展させていくかについて

の論は別稿にゆずるが、前章解題で述べたように、特にこの分野において評価を進化させていくには、同時にアカウンタビリティの考え方を進化させていく必要がある。

BOX　ブルーマーブル評価のビジョンとブルーマーブル・ジャパンへの期待

ブルーマーブル評価
シャーメイン・キャンベル・パットン
（訳・今田克司）

　ブルーマーブル評価は、公平で持続可能な社会システムへと変革を担うグローバルな取り組みに新しい考え方を提供するものです。グローバルに考え、ローカルかつグローバルに行動し、その接合の仕方を評価すること。そういう試みに評価者が参画していくような呼びかけをしています。ブルーマーブル評価の4つの統括プリンシプルと12の運用プリンシプルは、グローバルなシステム変革に向けて、取り組みのデザイン、実施、評価をいかに統合するかについての指針を示しています。これらのプリンシプルに基づいた評価アプローチは、適応と創発のための柔軟性を発揮する余地を十分に残しつつ、評価が既存システムの中の問題の一部ではなく、これを超える解決策の一部となるための明確なビジョンを表しています。

　このような重要な取り組みには、世界各地から、評価をする人、事業を行う人、事業や評価を依頼する人、社会で指導的地位にある人が積極的に関わっていくことが必要です。そのため私たちは、これらの人々のネットワークを構築し、変革を評価するために評価を変革することを目指してブルーマーブル評価を始めました。わずか2年間で、ネットワークは、10人に満たないワーキンググループから、600人以上のグローバルコミュニティへと成長しました。現在、80カ国以上から人々が集まり、ブルーマーブル・プリンシプルへの賛同とコミュニティへの参加を表明しています。ネットワークが成長するにつれ、特定の地域や特定の問題に取り組む参加者がつながりを保つための方法として、地域的なハブが有効という考えが生まれました。ブルーマーブル・ジャパンはその最初の拠点となりました。現在、アフリカ南部、ヨーロッパ中部、タートルアイランド（先住民の呼び名で北米を意味する）でも同じような動きが見られます。

　ブルーマーブル・ジャパンは、こういった取り組みに初期段階から参加しており、タコツボ化する専門性の思考形態に陥りがちな評価という営みを、国や学問の境界を超える国際・学際の活動へと移行させる上で重要な役割を果たしています。ブルーマーブル評価のネットワークが成長していく中で、私たちは地域の取り組みから事例や学びを共有してもらい、これから育っていくブルーマーブル評価者を支援し、私たちのビジョンを前進させていきたいと考えています。

第7節 おわりに

　本章では、ブルーマーブル評価を紹介するために、その前提となるプリンシプルの考え方や評価的思考についての概説を加えた。パットンは、米国そして世界の評価専門家のリーダーとして、グローバル課題に対して評価者がより積極的に解決の担い手やファシリテート役を買って出ることを促している。パットンにそのような行動を起こさせるのは、評価には世界を変える力（小さな力かもしれないが）があるという信念であり、しかも本章で述べたような種類の評価にはその可能性が大きいという考えである。だからこそ、パンデミックの時代の今、「すべての評価者は今、発展的評価者にならなければならない」（第5章）と呼びかけている。

　DEやその一つの帰着点であるブルーマーブル評価は、従来型の事業運営や評価のありようとは異質な部分が大きく、日本の読者に限らず、すんなり理解できない場面も多く存在する。プリンシプルがチェックリストではなく思考の「容れ物」として作用するというのもその一つかもしれない。また、前章解題で紹介した研修事業などでパットンの著作を検討した際、概念整理がよく理解できないことがあった。これを私たち研修事業実施者は、「パットン迷い道」と呼んだ。「パットン迷い道」とは、例えば物事はミーシー[8]で整理されるとよし、という規範を持っていると迷い込んでしまうような道のことだ。むしろ、パットンの整理は、読者に知的刺激や好奇心を与え、それをもとに新たな知的作業や取り組みを触発するようなスタイルになっていることが多い。「モレなく、ダブりなく」の概念整理ではなく、「あれやこれや」の思考触発のための記述と理解すると、迷い道に迷い込むことがない。それをパットン自身が率直に表現したものとして、次をあげておこう。

　　本章では、DEの可能性について皆さんの思考を刺激するために、アイデアやらアプローチやら事例やら悪態めいたつぶやきを持ち出してみ

ました。首尾一貫した論とかうまく統合されている体系を提供したふり
をするつもりはありません。複雑性理論や現実の評価の実践のように、
とっ散らかっています。だからこそ、この章のタイトルには「ブリコラ
ージュ」を選びました。(Patton 2011, p.303)

　考えてみれば、これはまさに「DE的」なスタイルである。知的ひっかか
りを提供し、ともに熟考し、仲間をつくり、アプローチや考え方自体をコレ
クティブな営みにおいて発展・昇華させていく。ブルーマーブル・ジャパン
においても、このやり方に倣い、「DE引き出し集」なる資料集を作成してい
る[9]。引き出しなので、どこに何を入れてもよい。引き出しを開けた人が、
そこから先を紡いでもらいたい。ブリコラージュのように、大きな作品をと
もに作っていく。体系づけるべきものは、然るべきタイミングで然るべき人
や人々がその作業にあたる。複雑系システムに相応しい物事の発展形態では
ないかと考える。

注
（1）原著で、「煩雑系」はcomplicated、「複雑系」はcomplex。
（2）パットンが2017年の著作で示した、プリンシプル自体を評価対象とする評価
　　　アプローチのこと（Patton, 2017）。
（3）連携の形として、例えばコレクティブ・インパクトの実践につながるような
　　　取り組みが志向されている（https://www.collectiveimpactforum.org 9/10/21
　　　アクセス）。
（4）Blue Marble Evaluation のウエブサイト（https://bluemarbleeval.org/
　　　principle 9/10/21アクセス）から、ブルーマーブル・ジャパンで翻訳・掲載し
　　　ているもの（https://www.blue-marble.co.jp/view/principle/ 9/10/21アクセ
　　　ス）を一部改変。
（5）プラネタリー・バウンダリーに関しては、例えば、https://www.
　　　stockholmresilience.org/research/planetary-boundaries.html 参照。9/10/21
　　　アクセス
（6）https://www.unmgcy.org 参照。 9/10/21アクセス
（7）Skin in the Game の訳語として「リスクを生きる」を使用したのは、パット
　　　ンも参照しているタレブの著作の翻訳に従ったもの（タレブ, 2019）

（8）MECE（Mutually Exclusive, Collectively Exhaustive）の読み方で、日本語では「モレなく、ダブりなく」といった意味をもつ。論理的思考の模範的考え方とされる。

（9）https://www.blue-marble.co.jp/docs-practice/　9/10/21アクセス。もともとは、研修事業を企画したCSOネットワークの制作物として公開したもの。

参考文献

Buckley, Archibald, Hargraves & Trochim（2015）"Defining and Teaching Evaluative Thinking: Insights from Research on Critical Thinking," *American Journal of Evaluation*, Vol. 36, No. 3, pp. 375-388.

Gamble, Jamie（2008）*A Developmental Evaluation Primer*, The J. W. McConnell Family Foundation（https://mcconnellfoundation.ca/wp-content/uploads/2017/07/A-Developmental-Evaluation-Primer-EN.pdf）

Gamble, Jamie, Kate McKegg and Mark Cabaj（2021）*A Developmental Evaluation Companion*, The McConnell Foundation（https://mcconnellfoundation.ca/the-developmental-evaluation-companion-now-available/）（ギャンブル、ジェイミー、ケイト・マッケグ、マーク・カバージュ（2022予定）『発展的評価コンパニオン』マコーネル財団）

Green, Duncan（2016）*How Change Happens*, Oxford: Oxford University Press.

Mowbray, Carol T., Mark C. Holter, Gregory B. Teague and Deborah Bybee（2003）"Fidelity Criteria: Development, Measurement, and Validation," *American Journal of Evaluation*, Vol. 24, No. 3, pp. 315-340.

Ofir, Zenda（2018）"The Responsibility of Evaluators," September 18, 2018. https://zendaofir.com/the-responsibility-of-evaluators/（accessed 9/10/21）

Patton, Michael Quinn（2002）*Qualitative Research and Evaluation Methods*（3rd ed.）. Los Angeles, CA: Sage.

Patton Michael Quinn,（2011）*Developmental Evaluation: Applying Complexity Concepts to Enhance Innovation and Use*, New York, NY: Guilford Press.

Patton Michael Quinn（2016）"What is Essential in Developmental Evaluation? On Integrity, Fidelity, Adultery, Abstinence, Impotence, Long-Term Commitment, Integrity, and Sensitivity in Implementing Evaluation Models," *American Journal of Evaluation*, Vol. 37, No. 2, pp.250-265.

Patton Michael Quinn, Kate McKegg and Nan Wehipeihana（eds.）（2016）*Developmental Evaluation Exemplars: Principles in Practice*, New York, NY: Guilford Press.

Patton Michael Quinn,（2017）*Principle-Focused Evaluation: The Guide, New York*, NY: Guilford Press.

Patton, Michael Quinn（2018）"A Historical Perspective on the Evolution of Evaluative Thinking," Vo, Anne T. and Archibald（eds）*Evaluative Thinking, New Directions for Evaluation*, Number 158, pp.11-28.

Patton, Michael Quinn（2019）"Transformation to global sustainability: Implications for evaluation and evaluators" *New Directions for Evaluation*, Number 162, pp.103-118.

Patton, Michael Quinn（2020）*Blue Marble Evaluation: Premises and Principles.* New York, NY: Guilford Press.

Schwandt, Thomas（2018）"Evaluative Thinking as a Collaborative Social Practice: The Case of Boundary Judgment Making," Vo, Anne T. and Archibald（eds）*Evaluative Thinking, New Directions for Evaluation*, Number 158, pp.125-138.

Scriven, Michael（1995）"The Logic of Evaluation and Evaluation Practice," *New Directions for Program Evaluation*, Vol. 68, pp.49-70.

USAID, Social Impact, William Davidson Institute and Search for Common Ground（2019）*Implementing Developmental Evaluation: A Practical Guide for Evaluators and Administrators*
（https://www.usaid.gov/sites/default/files/documents/15396/ImplementingDE_Admin_20.pdf）

Westley, Frances, Brenda Zimmerman and Michael Quinn Patton（2006）*Getting to Maybe: How the World Is Changed, Toronto*: Vintage Canada.（ウェスリー , フランシス、ブレンダ ツィンマーマン、マイケル クイン パットン、エリック ヤング（2008）『誰が世界を変えるのか　ソーシャルイノベーションはここから始まる』英治出版）

今田克司（2018）「発展的評価について考える（その３〜バックキャスティングとフォアキャスティング）」CANPANブログ（2018年 8 月20日）（https://blog.canpan.info/csonj/archive/21）

今田克司（2020）「NPO事業評価」山谷他編『プログラム評価ハンドブック』晃洋書房。pp.212-224。

タレブ, ナシーム・ニコラス（2019）『身銭を切れ「リスクを生きる」人だけが知っている人生の本質』ダイヤモンド社

レヴィ＝ストロース, クロード（1966）『野生の思考』みすず書房

おわりに

佐藤 真久・米原 あき

評価における協働と学びの連動性

　本書では、「SDGs時代の評価──価値を引き出し、変容を促す営み」と題して、筆者らのミクロ実践からマクロ政策までの幅広い知見のもとで、SDGs時代の評価に関わる考察が行われてきた。各章のキーワードは、SDGs時代における評価概念のシフト（第1章）、評価における社会変容と個人変容の連動（第2章）、国際協力の協働パートナーシップ（第3章）、通域的な学び（第4章）、発展的評価（第5章）、ブルーマーブル評価（第6章）であった。そして、これらの論考には、価値をめぐる協働と学びの取り組みがあり、価値の問い直し、価値の意味づけ、価値の共創の取り組みへの主体的なコミットメントが見られる。

　米原は、第1章において、MDG2とSDG4の特性と評価の課題について整理をしている。とりわけ、評価の課題として、「評価可能性」を検討することの重要性を指摘しているが、SDG4のゴール記述や指標が理念的・理想的・抽象的であるがゆえに、個々の取り組みにおける固有の社会状況を考慮し、協働と学びのプロセスを通して、価値の問い直し、価値の意味づけ、価値の共創をすることの重要性を指摘している。まさに、評価における協働と学びは、別個のものとして存在しているのではなく、形成的な評価を機能させるうえでも、重要な両輪であることが読み取れる。

　佐藤は、第2章において、評価に求められる協働と学びの連動性について、「国連・ESDの10年」で強調された「社会変容と個人変容の連動性」の指摘に基づき、順応的協働ガバナンスと近年の社会的学習（第三学派）に関する言説に基づき考察を深めている。協働取組の事例研究から、協働と学びの連

動性を高めることが、関わる主体の主体性と満足度を高め、協働取組自体の
継続性も高いことが指摘されており、協働と学びの連動のなかでの評価のあ
り方を捉えること、中間支援機能として評価のしくみを構築していくことの
重要性を指摘している。

　長尾は、第3章において、これまでのような後発途上国・地域で「援助型」
パートナーシップが多数実施されているものの、今日において、各国が主体
的に参加する「協働型」パートナーシップの実施が始まっている点を指摘し
ている。そして、それらの「協働型」の取り組みは、これまでの事業ガバナ
ンスと事業評価が異なる点を指摘し、協働的評価アプローチには、関係主体
の緊密な連携協力と、連続的・継続的な評価サイクル、既存価値やシステム
の問い直しがあると述べている。まさに、日本の対アフリカ協力事業におい
ても「協働型」パートナーシップが始まり、協働と学びの連動性が内在する
協働的評価アプローチが進み始めている点を指摘している。

　工藤は、第4章において、「文脈に応じた創造的アプローチ」としての評
価のあり方を、「通域的な学びのアプローチ」に関する事例研究と関連づけ
て考察をしている。工藤は、「通域的な学びのアプローチ」は、異なる風土
にある独立なる主体が出会い、双方に見出す自身との違いから学び合う関係
性を構築する方法であるとし、そこで実施される協働の姿を、「共存から統合」
へと向かう協働の姿としてではなく、「併存から変容」へと向かう協働の姿
として捉えている。Kania & Kramer（2011）の言葉を借りるのであれば、
ある一つの目標へと向かう協働の姿としてのマルチ・ステークホルダー・イ
ニシアティブ（multi stakeholder initiatives）ではなく、取り組みを支える
しくみの中で、共通のアジェンダを有しながら、相互に強化し合う取組を実
施し、継続的なコミュニケーションし続ける協働の姿としてのコレクティブ・
インパクト・イニシアティブ（collective impact initiatives）の様相を呈し
ている。求める協働の姿は異なるにせよ、互いの文脈を活かした中で、協働
と学習の連動性を強める取組の重要性を指摘している。

　パットンは、第5章において、発展的評価に適応されるアダプティブマネ

ジメントについて言及し、「能動−反応−相互作用−適応」が効果的に行われる必要性を指摘している。今日の、変動的で、複雑で、不確実な条件下において、柔軟性・迅速性に配慮をし、包括性を有した評価の営みは、評価そのものが動的で包括的なスパイラルを支えるものとなっている。まさに、文脈とプロセスを重視した協働と学びの連動性が求められていると言えよう。

　今田は、第6章において、発展的評価を支える評価的思考を取り上げ、批判的思考の一つでありつつも、個人の取り組みに限定せず、「意味づけの社会的実践」（Schwandt 2018: p. 126）と位置付ける考えも存在することを紹介し、社会の意味を協働により形成する対話プロセスや省察、意思決定や民主主義的手続きのあり方とともに考えることの重要性を指摘している。このように、協働と対話、省察と学習、意思決定などが「評価的思考」を支えるという指摘は、今後の評価論を考察する際に重要な示唆を提供していると言える。

　各章の論考を踏まえると、本書の副題である「価値を引き出し、変容を促す営み」に含まれる意味は、協働と学びによって（新たな）価値を引き出し、SDGsに求められる社会と個人の変容を促す営みであると言い換えることができる。本書では、形成的な評価を機能させるうえで、また、主体的なプロセスへの参画を促すうえで、所与の価値を受け入れるのではなく価値を共創する上で、その両輪への配慮とその連動性が強調されていることを読み取ることができるだろう。

持続可能性レンズ（UNESCO、2012）から読み解く本書の特徴

　UNESCO（2012）は、持続可能性を実践面で捉える際に配慮すべきものの視座として、統合的レンズ、文脈的レンズ、批判的レンズ、変容的レンズの重要性を指摘している。本節では、本書の各章の指摘事項を持続可能性レンズ（UNESCO、2012）と関連づけて考察をすることとしたい。

　米原は、サイロ型アプローチの限界（統合的）、「文脈に応じた創造的アプローチ」をという用語をつかい（文脈的、変容的）、協働型プログラム評価

の重要性を指摘している。そして、協働型プログラム評価の特徴として、体系的にプログラムを俯瞰し（統合的）、改善や変容を伴った「面」の評価（批判的・変容的）を促し、社会調査手法を活用することを通して、社会的文脈に根差し（文脈的）、社会状況を改善することを主たる目的としている（変容的）。さらに、米原は、「SDGs評価の本質」として、既存の制度やシステムを問い直す視点の導入、価値を問い直す視点の導入、があると述べている（批判的）。

佐藤は、近年のESDの国際的議論に基づく「構造的変容」の重要性をしており（変容的）、従来の取り組みやしくみを問い直し、新たな視座と視点で取り組むことの重要性を述べている（批判的）。さらに、協働を学びの連鎖を生み出す個々の協働取組に注目し（文脈的）、協働と学びのしくみとプロセスの中での評価活動の重要性を指摘している（統合的）。そして、順応的協働ガバナンスと社会的学習の議論の共通点には、VUCA社会において複雑性を前提としていること、状況的・文脈的側面を重視していること、変容の連鎖を促す動的で包括的なしくみ・プロセスである点を強調している。これらの指摘を踏まえると、これまで使用されてきた「評価」という言葉だけでなく、「開発」、「合理性」、「協働」、「学び」、「問題」などという言葉も、その意味あいが変わってきていることを自覚する必要があるだろう。

長尾は、「協働型」パートナーシップでは、事業ガバナンス・事業評価において、歴史的、文化的、国際的条件も考慮する必要がある点を述べ（文脈的）、「価値を問い直す視点」の導入が評価の実施方法の変更を余儀なくさせている点（批判的）、ガバナンスの構築と評価に見られる相互補強的な関係性の構築、事業と評価の相乗効果を促し（統合的）、日本の対アフリカ協力事業の事例を通して、欧米思考や科学主義を超えた日本とアフリカのより深い相互的文化理解、相互の感覚的な同化（文脈的・変容的）の可能性を指摘している。

工藤は、「文脈に応じた創造的アプローチ」としての「通域的な学びアプローチ」を一貫して強調しており（文脈的）、複数の認識論を場面ごとに往

来することで、これまで慣れ親しんだ認識論や枠組みとは異なる方法で世界を認知し、他の参加者の解釈や気付きに触れることで自身が普段慣れ親しんでいる認識論がずらされ、新しい視点から対象を捉え直すことの重要性を強調している（批判的・変容的）。さらに、グローバルなサステナビリティの課題が具現化されているローカルな視点を持つことにより、個人の中に他の文脈の視点をもつ（文脈的・統合的）点が強調されている。

　パットンは、発展的評価は、「複雑でダイナミックな環境におけるイノベーションの評価」であると述べている。そして、発展的評価における８つのプリンシプル（発展的な目的、評価の厳格さ、実用重視、イノベーションとの親和性、複雑系の観点、システム思考、共創、タイムリーなフィードバック）を掲げることにより、複雑な環境下での統合的観点を重視し（統合的）、状況適応的で（文脈的）、従来型評価のあり方を疑い（批判的）、システム変容（変容的）を促している。

　今田は、グローバル課題の解決における評価として、発展的評価の一つの帰着点として、「ブルーマーブル評価」を紹介している。今日のグローバル課題の解決にむけて、統合的思考と実践、グローカルな課題の連動性、人々の課題と地球生態系の課題の連動性、システム変革の推進と評価的思考の重要性を指摘している。そして、ブルーマーブル評価の志向性として、グローバル思考、変革性、統合性、グローカル性などが挙げられており、UNESCO（2012）が提示する持続可能性レンズとも整合性が見られる。

「評価は誰のためのものか」：評価研究における本書の有効性と限界

　前節で概観したとおり、本書の特徴を、持続可能性レンズを通してみると、「統合的で文脈的で批判的で変容的」であることが示された。このような特徴が浮かび上がってくる評価のアプローチというのは、評価研究において、どのような意味合いを持つのだろうか。

　「はじめに」でも言及したように、評価には、ある取り組みの成果や効果を説明するための総括的な評価と、ある取り組みに伴走してその取り組みの

改善を支援するための形成的な評価がある。この分類に照らせば、本書の各章が重視してきた評価のアプローチは形成的な評価に分類されるだろう。一方で近年、質の高い総括評価、なかでも頑強な科学性をもち、より幅広い関係者に対して説明責任を果たし得るような評価が求められているのも事実である。評価分析の定量手法として最も信頼性が高いと言われている、ランダム化比較試験（Randomized Controlled Trial：RCT）を用いた貧困対策プロジェクトの効果研究が、2019年のノーベル経済学賞を受賞したことは記憶に新しい（Dulfo, et al. 2006; Banerjee, et al. 2011）。また、日本社会においても近年、エビデンスに基づく政策形成（Evidence Based Policy Making：EBPM）といった掛け声のもと、科学的な根拠をもった政策評価を実施することが推奨されている（青柳 2010；佐藤 2021）。このような「科学的な総括評価」を求める風潮は、教育、福祉、そしてSDGsや社会的インパクトに関する公共政策分野にもひろく広まっている。

　本書が主題とする、学びと協働に基づく形成的な評価のアプローチは、一見するとこのような風潮とは相容れないように見えるかもしれない。しかしながら、「評価は誰のためのものか」という観点から再考すると、むしろ本書の有効性が見えてくる。例えば、エビデンスに基づく政策評価を行うためには、エビデンスを得るための指標が必要になるが、協働型の形成評価は、現場の声を指標に反映できるという強みを持っている。つまり、現場の文脈に根差した多様な価値を尊重しながら、それらを統合してエビデンスに繋ぎ、出資者や政策形成者、有権者などの幅広い関係者に対して説明をする材料とすることができる（文脈的・統合的）。また例えば、エビデンスに基づく評価判断を下す際には、そのエビデンスが意味するところを深く解釈する必要が生じるが、そのような場面でも、学びと協働に基づく評価のコミュニケーションは、総括評価の質向上に貢献する。既に多くの良質の総括評価で実行されているように、たとえその評価者が伴走者ではなく外部評価者であったとしても、直接間接に現場の声を聴き、現場の価値を意識化・言語化することで、あるいは形成評価と混合の評価デザインを導入することで、批判的か

つ建設的にデータを解釈し、より本質的な改善に向けての提案をすることができる（批判的・変容的）。つまり、学びと協働に基づく「統合的で文脈的で批判的で変容的」な評価は、より頑強で信頼性の高い根拠を提供し、質の高い総括評価を実現するための支援にもなり得るアプローチなのである。

　しかし同時に、「評価はだれのためのものか」という問いは、本書の限界も明らかにする。学びや協働に基づく評価のアプローチでは、評価に関わるステイクホルダーが多岐にわたる。すなわち、従来の評価専門家による評価とは異なり、多様なステイクホルダーのひとりひとりが評価的な思考を持つことが求められるということである。いかにしてそのような状況をつくり出すことができるのか、また、そのための仕組みとはどのようなものであり得るのか。そして、このような評価のアプローチにおける評価者の役割とはなにか。本書第5章でパットンが指摘する「関係性の失敗」の可能性——すなわち評価者とステイクホルダーが相互の役割とタスクに関する明確な理解を共有し維持することを怠り、結果として評価者の意見や判断が活かされない可能性、あるいは逆に両者の関係性が接近しすぎることにより、評価者の意見や判断の中立性が失われてしまう可能性——は、評価者の職業的な専門性や独立性の社会的認知が普及の途上にあり、同時に、個々のステイクホルダーの評価的思考を涵養する機会も未だ整備の途上にある日本の現状においては、看過できない課題である。これらの課題に対する明確な回答は本書のなかでは得ることができなかった。これらの課題はむしろ、本書の編纂によって引き出された次なる課題として、著者一同、そして願わくは読者諸賢を巻き込みながら、引き続き検討していきたい。

　SDGs時代と呼ばれる、「不確実性のなかで多様な個人や集団が協働して持続可能な社会を構築することが求められる時代」において、多様な価値を共存させ、あるいはそこから新たな価値を引き出す、「文脈に応じた創造的なアプローチ」とはいかなるものなのだろうか——これが本書の「はじめに」に掲げられた問いであった。本書の各章では、評価という切り口からこの問いにこたえる試みが展開され、そのような評価を実現するための足場（スタ

ンス）や技法（アート）あるいは仕組み（システム）のエッセンスが、「統
合的で文脈的で批判的で変容的に」語られてきた。投入に対する説明責任と
いう意味での評価が一種のブームになっているようにも見える昨今であるが、
上述のとおり、本書の試みはこのような風潮と乖離するものでも逆行するも
のでもない。むしろ、本書の各章が示す「エッセンス」が、グローバルレベ
ルの普遍的かつ統一的な価値と、ローカルレベルの多様かつ複雑な価値を接
合するしくみとして機能し、併せて、総括的な評価のアプローチに対しても
貢献することを期待したい。

参考文献

UNESCO (2012). *Shaping the Education of Tomorrow: 2012 Full-length Report on the UN Decade of Education for Sustainable Development*. Paris: UNESCO.

Kania & Kramer (2011). Collective Impact, *Stanford Social Innovation Review*, 36-41.

Duflo, E. & Glennerster, R & Kremer, M. (2006). Using Randomization in Development Economics Research: A Toolkit, *NBER Technical Working Papers*, No. 0333, National Bureau of Economic Research, Inc.（小林庸平他訳『政策評価のための因果関係の見つけ方:ランダム化比較試験入門』日本評論社, 2019年。）

Banerjee, A. V., & Duflo, E. (2011). Poor economics: A radical rethinking of the way to fight global poverty. Public Affairs.（山形浩生訳『貧乏人の経済学：もういちど貧困問題を根っこから考える』みすず書房, 2012年。）

青柳恵太郎 (2010)「開発援助分野におけるRCT導入に見られる旧くて新しい課題: 理論なきRCTから理論検証のRCTへ」『日本評価研究』第10巻第1号, 53-62頁。

佐藤徹 (2021)『エビデンスに基づく自治体政策入門：ロジックモデルの作り方・活かし方』公職研。

執筆者紹介

編者・はじめに・第1章・おわりに
米原 あき ［よねはら あき］
東洋大学　社会学部・教授。Ph.D.
京都大学、京都大学大学院教育学研究科を経て、フルブライト奨学生として米国インディアナ大学大学院にてPh.D.（比較教育政策学、社会統計学）。国際協力機構業務実績評価アドバイザー、内閣府 子どもの貧困対策実態把握・検証部会 委員、横浜市教育委員会ESDコンソーシアム 委員、川崎市政策評価審査委員会 教育福祉部会 部会長、日本評価学会 常任編集委員など歴任。専門社会調査士。インド工科大学大学院人文社会科学研究科 客員教授（執筆当時）。教育や人間開発に関する公共政策の評価に関心があり、国内外の地域開発・教育開発の実践現場において、協働型プログラム評価に関するアクションリサーチに従事している。

編者・第2章・おわりに
佐藤 真久 ［さとう まさひさ］
東京都市大学大学院 環境情報学研究科・教授。Ph.D.
筑波大学・筑波大学大学院を経て、英国サルフォード大学大学院にてPh.D. を取得。「国連・ESDの10年」アジア太平洋地域・国連組織間諮問委員会テクニカルオフィサー、UNESCO-IUCNアジア太平洋地域ESD Indicator Projectガイドライン・レビュー委員、UNESCOアジア太平洋地域ESDコーディネーションガイド検討委員、環境省・協働取組事業アドバイザリー委員会委員長、（独）環境再生保全機構・地球環境基金評価専門委員、国連大学サステイナビリティ高等研究所客員教授などを歴任。国内外において、協働ガバナンス、社会的学習、中間支援機能などの地域マネジメント、組織論、学習・教育論の連関に関するアクションリサーチに従事。

編者・第3章
長尾 眞文 ［ながお まさふみ］
一般財団法人国際開発センター・研究顧問
一橋大学大学院経済学研究科博士課程単位修得退学。国際連合貿易開発会議（UNCTAD）経済問題担当官、笹川平和財団主任・主席研究員、広島大学教育開発国際協力研究センター教授、国際基督教大学客員教授、東京大学大学院新領域創成科学研究科サステイナビリティ学グローバルリーダー養成大学院プログラム特任教授、国連大学サステイナビリティ高等研究所客員教授・シニアプログラムアドバイザーを歴任。広島大学名誉教授。専門は開発学、サステイナビリティ学、教育開発、事業評価。現在の主要な関心はアフリカと日本の大学間連携に基づくアフリカの持続可能な開発のための専門的人材育成の支援。

第4章

工藤 尚悟［くどう しょうご］

国際教養大学国際教養学部グローバルスタディズ課程・准教授

東京大学大学院新領域創成科学研究科サステイナビリティ学グローバルリーダー養成大学院プログラム博士課程修了（博士：サステイナビリティ学）。南アフリカ・フリーステート大学アフロモンテーン・リサーチ・ユニット客員研究員。専門は、サステイナビリティ教育、コミュニティ開発、縮小高齢社会における地域づくり。秋田と南アフリカの農村地域を往来しながら、異なる風土にある主体の出会いから生まれる「通域的な学び（Translocal Learning)」という方法論の構築に取り組む。著書に『私たちのサステイナビリティ』（岩波ジュニア新書）。

第5章

Michael Quinn Patton［マイケル・クイン・パットン］

クレアモント大学院大学カリフォルニア校クレアモント評価センター・教授

ウィスコンシン大学Ph.D.（社会学）。ミネソタ大学 教授、ミネソタ社会調査センター センター長、Utilization-Focused Evaluation創設者・代表、アメリカ評価学会 会長などを歴任。"Utilization-Focused Evaluation"（5th edition, 2022）"*Blue Marble Evaluation*"（2020）などSDGsと評価に関する著書多数。The Evaluators' Instituteおよびthe International Program for Development Evaluation Trainingなどで多くの評価研修を行っている。アメリカ評価学会より、the Myrdal Award for *Outstanding Contributions to Useful and Practical Evaluation Practice*, the Lazarsfeld Award for *Lifelong Contributions to Evaluation Theory, the Research on Evaluation Award*を受賞。

第5章解題・第6章

今田 克司［いまた　かつじ］

（株）ブルー・マーブル・ジャパン代表取締役／（一財）社会的インパクト・マネジメント・イニシアチブ代表理事／（一財）CSOネットワーク常務理事

東京大学大学院総合文化研究科博士課程単位取得退学。カリフォルニア大学バークレー校公共政策大学院修士。米国（6年）、南アフリカ（5年半）含め、市民社会強化分野でのNPOマネジメント歴25年。現在、休眠預金等活用法における指定活用団体日本民間公益活動連携機構（JANPIA）評価アドバイザー、日本評価学会理事・研修委員長、金融庁・GSG国内諮問委員会「インパクト投資勉強会」委員、国際協力機構（JICA）事業評価外部有識者委員、（一社）SDGs市民社会ネットワーク理事ほか。活動テーマは評価文化の形成、インパクト・マネジメント、持続可能な資本主義のあり様など。

SDGs時代のESDと社会的レジリエンス研究叢書 ⑤

SDGs時代の評価
価値を引き出し、変容を促す営み

2022年4月15日　第 1 版第 1 刷発行

編著者　米原 あき・佐藤 真久・長尾 眞文
発行者　鶴見 治彦
発行所　筑波書房
　　　　東京都新宿区神楽坂2-16-5
　　　　〒162－0825
　　　　電話03（3267）8599
　　　　郵便振替00150－3－39715
　　　　http://www.tsukuba-shobo.co.jp

定価はカバーに示してあります

印刷／製本　平河工業社
©2022 Printed in Japan
ISBN978-4-8119-0625-6 C3037